Lust auf DEUTSCHLAND

Faszinierende Reiseziele, die Sie kennen sollten

Lust auf DEUTSCHLAND

Faszinierende Reiseziele, die Sie kennen sollten

Britta Mentzel
Eva Becker
Axel Pinck
Barbara Rusch

BRUCKMANN

INHALTSVERZEICHNIS

Die Basteibrücke bei Rathen ist ein berühmtes Fotomotiv. Hamburg beeindruckt mit der modernen Architektur der Hafencity, hier das Dockland-Gebäude. Weinbau wird am Main bei Triefenstein betrieben. Rostock zeigt sich zur blauen Stunde romantisch. Der Augustusplatz in Leipzig verbindet alt und neu. Der Felsturm der »Langen Anna« ragt einsam vor Helgoland in den Himmel (v.l.n.r.).

Strandkörbe auf Sylt erwarten die Sommerurlauber.

Der Süden

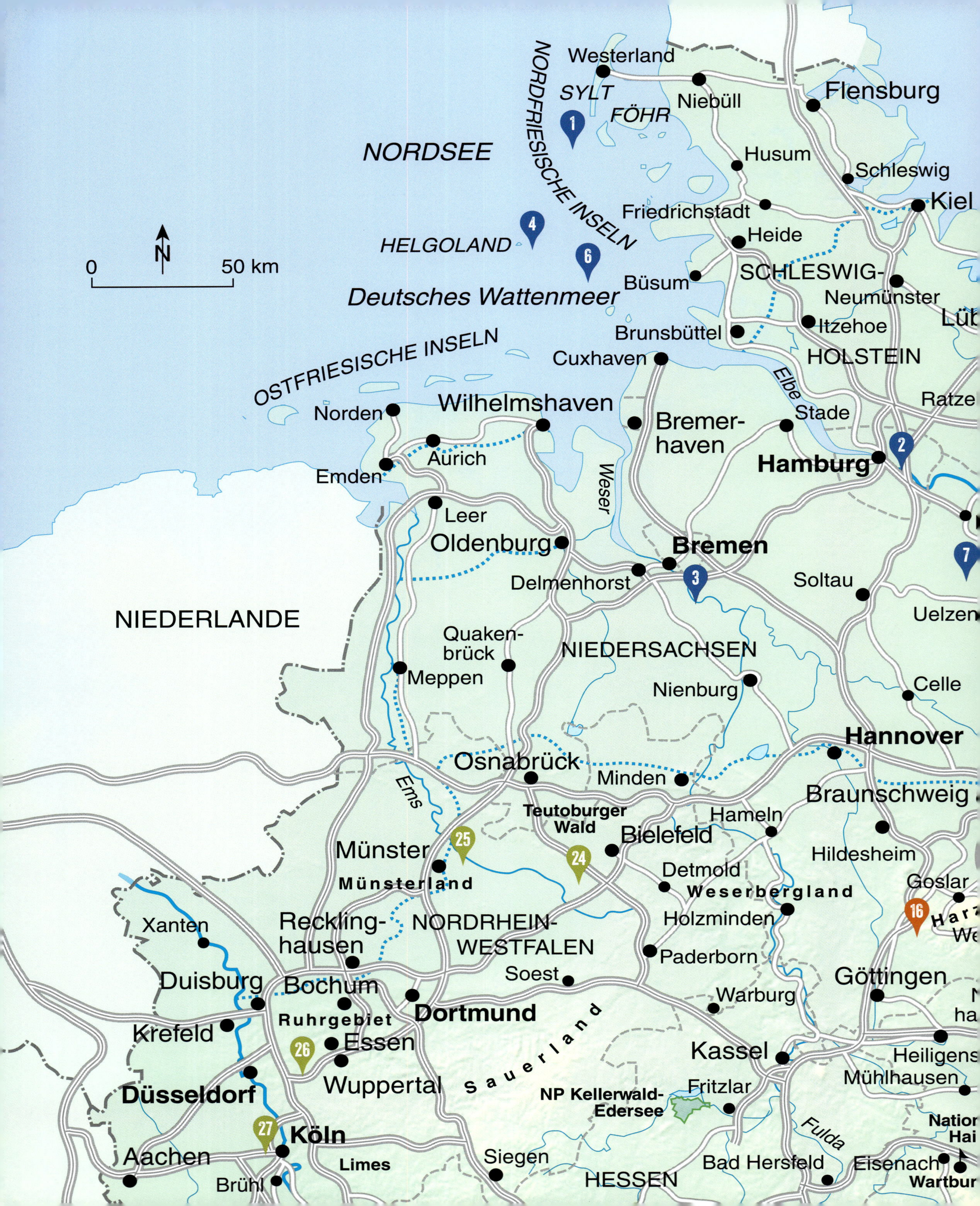

Westerland
SYLT
FÖHR
Niebüll
Flensburg
NORDFRIESISCHE INSELN
NORDSEE
Husum
Schleswig
Kiel
Friedrichstadt
Heide
HELGOLAND
0
50 km
N
Büsum
SCHLESWIG-
Neumünster
Deutsches Wattenmeer
Itzehoe
Brunsbüttel
HOLSTEIN
OSTFRIESISCHE INSELN
Cuxhaven
Elbe
Ratze
Norden
Wilhelmshaven
Bremer-
haven
Stade
Aurich
Emden
Hamburg
Weser
Leer
Oldenburg
Bremen
Delmenhorst
Soltau
Uelzen
NIEDERLANDE
Quaken-
brück
NIEDERSACHSEN
Meppen
Nienburg
Celle
Hannover
Osnabrück
Minden
Ems
Braunschweig
Teutoburger
Wald
Hameln
Bielefeld
Hildesheim
Münster
Detmold
Goslar
Münsterland
Weserbergland
Xanten
Reckling-
hausen
NORDRHEIN-
WESTFALEN
Holzminden
Paderborn
Soest
Göttingen
Duisburg
Bochum
Warburg
Dortmund
Ruhrgebiet
Krefeld
Essen
Kassel
Heiligens
Sauerland
Mühlhausen
Wuppertal
Düsseldorf
NP Kellerwald-
Edersee
Fritzlar
Fulda
Köln
Aachen
Limes
Siegen
Bad Hersfeld
Eisenach
Brühl
HESSEN
Wartbur

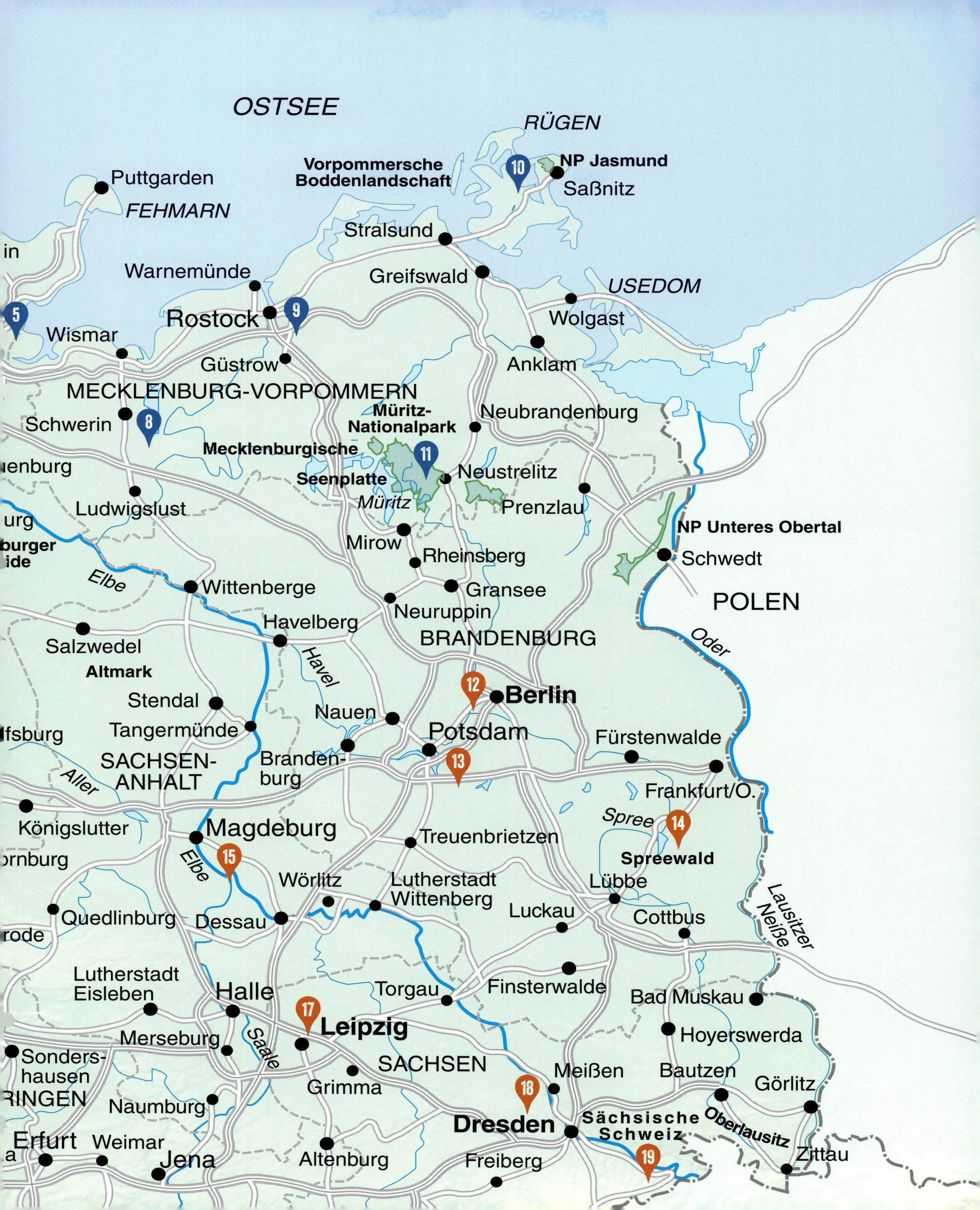
OSTSEE
RÜGEN
Vorpommersche Boddenlandschaft
10
NP Jasmund
Saßnitz
Puttgarden
FEHMARN
Stralsund
in
Warnemünde
Greifswald
USEDOM
5
Rostock
9
Wolgast
Wismar
Güstrow
Anklam
MECKLENBURG-VORPOMMERN
Müritz-Nationalpark
Neubrandenburg
Schwerin
8
Mecklenburgische Seenplatte
11
Neustrelitz
enburg
Ludwigslust
Müritz
Prenzlau
urg
burger
ide
Mirow
NP Unteres Obertal
Rheinsberg
Schwedt
Elbe
Wittenberge
Gransee
Neuruppin
POLEN
Havelberg
Salzwedel
BRANDENBURG
Oder
Altmark
Havel
12
Berlin
Stendal
Nauen
lfsburg
Tangermünde
Potsdam
Fürstenwalde
SACHSEN-ANHALT
Branden-burg
13
Aller
Frankfurt/O.
Königslutter
Spree
14
Magdeburg
Treuenbrietzen
rnburg
15
Spreewald
Elbe
Wörlitz
Lutherstadt Wittenberg
Lübbe
Quedlinburg
Dessau
Luckau
Cottbus
Lausitzer Neiße
rode
Lutherstadt Eisleben
Halle
Torgau
Finsterwalde
Bad Muskau
17
Leipzig
Merseburg
Saale
Hoyerswerda
Sonders-hausen
SACHSEN
Meißen
Bautzen
18
Görlitz
RINGEN
Grimma
Naumburg
Dresden
Sächsische Schweiz
Oberlausitz
Erfurt
Weimar
Zittau
a
Jena
Altenburg
Freiberg
19

Düsseldorf
Wuppertal
Kassel
Mühlhausen
Köln
Fritzlar
Fulda
National Hai
Aachen
Brühl
Limes
Siegen
Bad Hersfeld
Eisenach
Wartbur
Thü
Bonn
Westerwald
Marburg
Alsfeld
Bad Münstereifel
Hachenburg
Lahn
HESSEN
Meininge
Wetzlar
Gießen
Rhön
BELGIEN
Rhein
Fulda
Schleus
Limburg
Eifel
Koblenz
Bad Nauheim
Taunus
Limes
Prüm
Cochem
Loreley
Bad Kissingen
Frankfurt
Sc
RHEINLAND-PFALZ
Traben-Trarbach
Wiesbaden
Aschaffenburg
Schweinfurt
Mainz
Messel
Lohr
LUXEMBURG
Mosel
NP Hunsrück-Hochwald
Main
Weinfran
Darmstadt
Würzbur
Trier
Idar-Oberstein
Erbach
Worms
Kitzing
Lorsch
Bad Mergenthe
SAARLAND
Kaiserslautern
Tauber
Saarlouis
Heidelberg
Rothenburg ob der Tauber
Ansb
Speyer
Heilbronn
Saarbrücken
Pirmasens
Pfälzerwald
Maulbronn
Limes
Schwäbisch-Hall
Annweiler
FRANKREICH
Neckar
Wei
Karlsruhe
Aalen
Stuttgart
Baden-Baden
Donau
Schwäbische Alb
Tübingen
Geislingen
Offenburg
Reutlingen
Schwarzwald
Ulm
0
N
50 km
Hornberg
Neu-Ulm
Rhein
Breisgau
BADEN-WÜRTTEMBERG
Biberach
Lan
Freiburg
Tuttlingen
Memmingen
K
Feldberg 1483 m
Singen
Ravensburg
Wangen
Kempten
Lörrach
Konstanz
Neuschwar
REICHENAU
Bodensee
Lindau
Allgäu
Füs
SCHWEIZ
Breitachklamm
27
28
29
23
31
32
30
39
33
34
35
36
38
47

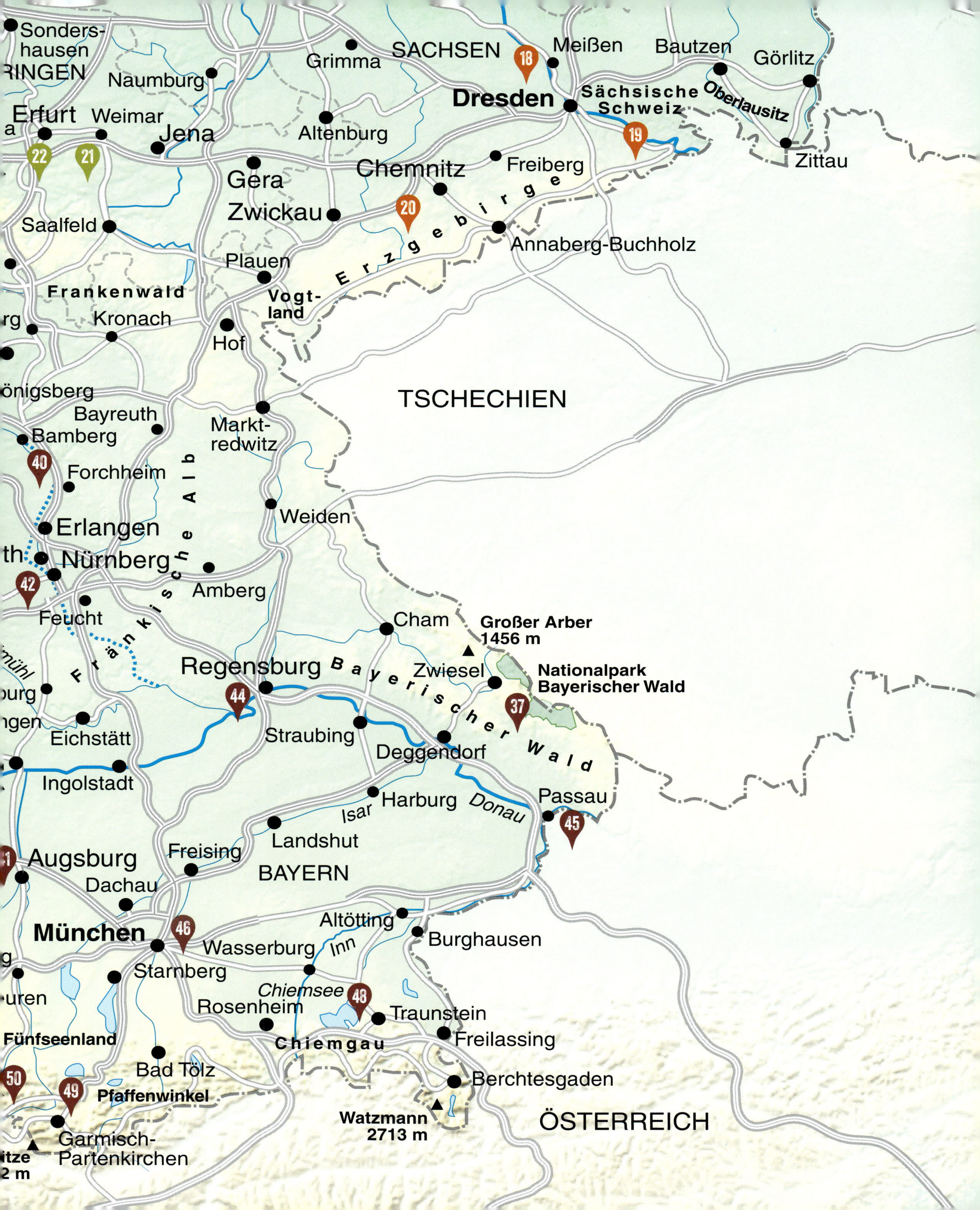
Sonders-
hausen
RINGEN
Naumburg
Grimma
SACHSEN
Meißen
Bautzen
Görlitz
Dresden
Sächsische
Schweiz
Oberlausitz
Erfurt
Weimar
Jena
Altenburg
Chemnitz
Freiberg
Zittau
Gera
Zwickau
Erzgebirge
Annaberg-Buchholz
Saalfeld
Plauen
Frankenwald
Vogt-
land
Kronach
Hof
önigsberg
TSCHECHIEN
Bayreuth
Bamberg
Markt-
redwitz
Forchheim
Fränkische Alb
Weiden
Erlangen
Nürnberg
Amberg
Feucht
Cham
Großer Arber
1456 m
Regensburg
Bayerischer Wald
Zwiesel
Nationalpark
Bayerischer Wald
Eichstätt
Straubing
Deggendorf
Ingolstadt
Harburg
Donau
Passau
Isar
Landshut
Augsburg
Freising
BAYERN
Dachau
München
Altötting
Burghausen
Wasserburg
Inn
Starnberg
Chiemsee
Rosenheim
Traunstein
Fünfseenland
Chiemgau
Freilassing
Bad Tölz
Berchtesgaden
Pfaffenwinkel
Watzmann
2713 m
ÖSTERREICH
Garmisch-
Partenkirchen
18
19
20
21
22
37
40
42
44
45
46
48
49
50

Traumhafter Sandstrand
in Mecklenburg-Vorpommern

Entlang der Regnitz versprüht Bamberg eine südländische Leichtigkeit – ein bezauberndes fränkisches Klein-Venedig (oben). In Rostocks Vorort Warnemünde treffen sich alljährlich Groß- und Traditionssegler zur Hanse Sail (rechts oben). In der Eifel reift der Wein hoch über dem Ahrtal (rechts unten).

VON NORDEN NACH SÜDEN WUNDERBAR

Deutschland – eine Entdeckung

Wir leben in einem Land des Überflusses, unbestritten. Doch ist damit nicht nur der Wohlstand gemeint, sondern auch die Fülle an Kulturgütern, an bemerkenswerter Architektur und wunderbaren Landschaften. Einen wahren Schatz an Geschichte(n) bergen die Städte und Regionen von Aachen bis zur Zugspitze und von Rügen bis Freiburg: Von der ganzen Schönheit des Reiseziels Deutschland handelt dieses Buch.

Ein Bildband mit den »Highlights«, den Höhepunkten, in Deutschland. Ist das nicht ein bisschen so, wie Eulen nach Athen zu tragen? Sind sie nicht schon alle besichtigt, die Sehenswürdigkeiten dieses Landes? Das mag oberflächlich zutreffen. Aber kennen wir unsere Heimat wirklich so gut, wie wir meinen? Wissen wir, dass die größte und artenreichste Wildnis Mitteleuropas das Wattenmeer an Deutschlands Küste ist? Und haben wir jene kleine Schlangenskulptur an einer Säule des Rostocker Rathauses schon bemerkt, die den Umgang im Stadtrat aufs Korn nimmt? Wer kennt schon die Wacholderheide im Altmühltal? Und: Haben wir jemals herausgefunden, warum manche der Einheimischen nur wissend schmunzeln, wenn Besucher mit einer Hand über das blank gewienerte Eselsbein ihrer Bremer Stadtmusikanten streichen?

Ziele für Neugierige

Das Reiseland Deutschland steckt voller Überraschungen: von der vollen Lebenslust seiner Städte bis zur stillen Schönheit seiner Naturräume. Auf relativ engem Raum, verbunden durch ein bestens ausgebautes Straßen- und Verkehrsnetz, finden sich die verschiedensten Landschaftsformen. Im Schwarzwald gibt es sonnige Höhen und glasklare Seen, auf Sylt erstreckt sich ein kilometerlanger Sandstrand, im Spreewald bilden die Bäume schattige Dächer über den »Fließen«, den Kanälen.

Ostseeglück finden Urlauber am Strand von »Lübecks schönster Tochter«, Travemünde.

Neben den allseits bekannten, darum aber nicht minder sehenswerten Reiseklassikern warten auch zahlreiche Neuentdeckungen auf Neugierige: Die geheimnisvollen Externsteine im Teutoburger Wald gehören sicher zu den unbekannteren Zielen und auch die skandinavisch anmutende Weite der Müritz. Von einer Stadt wie Schwerin kennen viele vielleicht nur die Schlossansicht auf der Zwei-Euro-Münze, und das von Eiszeitkräften geformte Naturparadies der Eifel ist außerhalb von Nordrhein-Westfalen noch immer wenig bekannt.

Seit Jahrhunderten Klassiker

Andere Regionen begeistern die Besucher dagegen von jeher: Das Mittlere Rheintal gilt seit 200 Jahren als romantisches Sehnsuchtsziel, ähnlich wie die Wartburg. Auch die Sächsische Schweiz durchstreifen Wanderer schon seit dem frühen 19. Jahrhundert. In Süddeutschland bilden die Königsschlösser Ludwigs II. Besuchermagneten – fast von dem Tag an, an dem der menschenscheue »Märchenkönig« sie nicht mehr selbst bewohnen konnte.

Spannend an der Neuentdeckung Deutschlands sind auch die Wechselwirkungen von Naturraum und kultureller Rezeption. Selbst die asiatischen Besucher zitieren an der Loreley das Lied von Heinrich Heine. Oder die Kreidefelsen von Rügen: An ihren schroffen Kanten scheinen die Grenzen zu verschwimmen – kommen wir nicht auch hierher, um zu sehen, was sich verändert hat, seitdem Caspar David Friedrich die weltberühmten Bilder gemalt hat?

Vielleicht spüren die Besucher zuweilen den Atem der Geschichte: Etwa auf der Wartburg, wo Martin Luther die Bibel ins Deutsche übertrug und später die Burschenschaften von der Einheit der Nation träumten. Oder im Dürerhaus in Nürnberg, dessen ältester Balken aus dem Jahr 1418 stammt. Freiburg, Bamberg und Teile von Erfurt oder Meißen wirken in manchen Momenten, als sei hier die Zeit stehen geblieben.

Und manchmal werden sogar literarische Räume manifest: Im »Buddenbrookhaus« in der Lübecker Mengstraße etwa, wo Thomas Mann den »Verfall einer Familie« verortete, meint man fast, im Nebenraum das Geraschel von Taft und Seide zu vernehmen.

Von schönen Winkeln und schwierigen Revieren

An vielen Orten wird augenfällig, wie groß die Bemühungen sind, die Zerstörungen des Zweiten Weltkriegs zu beheben. Die wunderbare Stadtsilhouette von Dresden ist ein Beispiel dieser Wiederherstellung alter Pracht – der Blick vom rechten Elbufer gleicht der Ansicht Canalettos (1722–1780) von 1748 zusehends, ohne dass Dresden zum Freilichtmuseum verödete. Und auch Potsdam wird von Jahr zu Jahr schöner, als hätte Karl Friedrich Schinkel gerade erst den Baustellenstaub von seinen Stiefeln geklopft.
Aber es sind nicht nur die herrlichen Fassaden oder die barocke Pracht, wie in der Würzburger Residenz oder in der Wieskirche im oberbayerischen Pfaffenwinkel, die das Interesse verdienen. Gerade jene deutschen Regionen entwickeln sich rasant, deren Geschichte voller Brüche ist. Das Ruhrgebiet steht für einen vielfachen Wandel – von der Industrie- zur Kulturzone, von der Brache zu neuem Leben. Nicht das Wegretuschieren ist hier Programm, sondern das Umgestalten und Neuwidmen.
Zuweilen hilft auch die Rückbesinnung auf alte Qualitäten aus der Krise: Leipzigs Tradition als Musikstadt liefert hierfür ein Beispiel. Und auch das arme Bremerhaven macht aus der (Struktur-) Not eine Tugend und setzte spannende Museen an die Wesermündung, vom »Auswandererhaus« bis zum »Klimahaus 8° Ost«.

Die Großstädte: Frischer Wind weht durch alte Gassen

Anders als in den übersichtlicheren Städten geht man in den Metropolen Deutschlands mit der Gestaltung des Stadtbildes um: In Köln, wo die Aufbau-Eile der 1950er-Jahre viele misslungene Fassaden hervorgebracht hat, setzt moderne Architektur Akzente – sei es das neue Walraff-Richartz-Museum oder das Diözesanmuseum in der ausgebombten St.-Kolumba-Kirche.
In Leipzig setzt die Universität Architektur-Akzente, und Frankfurt hat das Viertel um den Römer komplett neu gestaltet.
Auch das prächtige München wird jedes Jahr interessanter: Ungeachtet der Sanierungen strömen die Besucher ins Kunstareal oder sie besichtigen

Publikumsmagneten: Rügens Schloss Granitz (oben). Die Skulpturen am Dresdner Zwinger stören sich an zahlreichen Bewunderern nicht (unten).

Der Rokokosaal der Herzogin Anna Amalia Bibliothek in Weimar ist ein Gesamtkunstwerk aus bildender Kunst, Architektur und Büchern (unten). So ruhig und romantisch zeigt sich die legendäre Hafeneinfahrt von Lindau am Bodensee mit Deutschlands südlichstem Leuchtturm nur am frühen Morgen oder am Abend (rechts).

die atemberaubende BMW-Welt. Am Jakobsplatz steht die neue Jüdische Synagoge, das Museum Brandhorst trägt tausend Farben und das Lenbachhaus glänzt wie ein Goldbarren. Bald möchte sich die Residenzstadt im Werksviertel neu erfinden – man darf gespannt sein.

Hamburg hat seinen jüngsten Stadtteil auf die Elbe gesetzt: die Hafencity, ein bahnbrechendes Projekt, mit der Elbphilharmonie als glänzendem Schlusspunkt.

Botschafter Berlin

Und dann erst Berlin! Jeder will in diese Stadt, die zweifellos zu den anziehendsten Metropolen der Welt gehört. Sie ist die beste Botschafterin für das moderne, unkonventionelle Deutschland: Allein im Jahr 2017 kamen rund 13 Millionen Touristen in die Bundeshauptstadt.

In Berlin entsteht permanent Neues, auch im (scheinbar) alten Gewand, wie dem rekonstruierten Stadtschloss, das bald die Ausstellungen des Humboldt Forums beherbergt. Allein die Besichtigung der Schätze der – teilweise neu gestalteten – Museumsinsel könnte viele Tage füllen, vom reichhaltigen Kulturprogramm der 3,6-Millionen-Stadt ganz zu schweigen.

Welterbestätten für alle

Wie spannend Deutschland in seinen vielen Aspekten – historisch, kulturell, landschaftlich – ist, verdeutlicht auch die Anzahl an Welterbestätten. Angefangen beim Aachener Dom 1978 stehen inzwischen 44 Kultur- und Naturgüter auf der UNESCO-Liste, nur Italien, Spanien und China zählen mehr.

Auch die Daten der Statistiker belegen: seit Jahren gehen die Zahlen von Ankünften und Übernachtungen in deutschen Hotels und Pensionen nach oben, sowohl von inländischen wie von ausländischen Gästen – ein Land liegt im Trend.

Britta Mentzel

DER NORDEN

Inseln, Hanse und sanfte Brisen

Die Hansestädte prägen den Norden Deutschlands, ob Hamburg mit dem berühmten Hafen und der nicht minder berühmten Binnenalster (links) oder Bremen, dessen Wahrzeichen der Roland ist (oben). Doch der Norden hat noch mehr zu bieten, etwa idyllische Szenen mit Schäfer und Schnucken in der Lüneburger Heide (unten).

Ein Schiff auf dem Weg nach Föhr – Blick auf Hörnum ganz im Süden von Sylt (oben). Auch bei einer Brise schützen die Strandkörbe, wie hier bei Kampen (rechts oben). Volkstümlicher geht es bei »Gosch« in List zu, der »nördlichsten Fischbude Deutschlands« (rechts unten).

1 TRAUMINSEL MIT FRIESENFLAIR – SYLT

Sandstrand, Kultur und kulinarische Genüsse

Ein 40 Kilometer langer Sandstrand erstreckt sich von Norden bis zum Süden der Nordseeinsel Sylt, die schon seit mehr als 100 Jahren zu den beliebtesten Urlaubszielen Deutschlands gehört. Daneben gibt es friesische Kultur und Geschichte, viel Natur am Wattenmeer, attraktive Spitzenrestaurants und ein aufregendes Nachtleben zu entdecken.

Schon seit Mitte des 19. Jahrhunderts wissen Urlauber das Meer, die Landschaften und die gesunde Luft von Sylt zu schätzen. Damals gehörte die größte nordfriesische Insel, wie der Rest Schleswig-Holsteins, noch zum Einflussbereich des dänischen Königreiches.
Zu einem Drittel ist Sylt von Sand bedeckt. Wanderdünen, vom Westwind vorangetrieben, begruben einst ganze Dörfer unter unaufhaltsamen Sandmassen. Die sandige Dünenlandschaft ist heute überwiegend mit Strandhafer bepflanzt und steht unter Naturschutz.

Vom Ellenbogen bis zur Odde

Lange Strandspaziergänge, Sonnen, Entspannen, Lesen, Ballspielen und auch das prickelnde Brandungsbad in der Nordsee gehören zu den populären Urlaubsvergnügungen auf Sylt. Und spätestens, wenn die Sonne abends spektakulär im Meer versinkt, ist klar, warum die lang gestreckte nördlichste Insel Deutschlands jedes Jahr auch zu den Lieblingszielen von 850000 anderen Urlaubern gehört.
Rund 10000 Strandkörbe bieten Schutz vor Sonne und Wind, die meisten konzentrieren sich an den Strandzugängen von Westerland, Wenningstedt und Kampen. Deren Bars, Restaurants oder Saunen, wie das »Samoa Seepferdchen« und die »Sansibar« südlich von Rantum, die Strandpromenade von Westerland mit ihrer Musikmuschel, »Wonnemeyer« oder »Gosch« am Kliff von Wenningstedt oder Kampens »La Grande Plage« gehören zu den beliebtesten Inseltreffpunkten.

Rösti-

Begrüßungskomitee: die »Grünen Riesen« am Bahnhof von Westerland (oben). Im Februar wird der Winter auf Sylt beim »Biikebrennen« ausgetrieben, hier bei Tinnum (unten). Der »Mühlenhof« ist ein traditionell reetgedecktes Friesenhaus (rechts oben). Beste Bedingungen beim Windsurf World Cup vor Westerland (rechts unten).

Strandspaziergänge der besonderen Art kann man ganz im Norden und an der Südspitze, dem »Kap Horn« Sylts, unternehmen. »Ellenbogen« nennt sich die einsame sandige Landzunge, die sich noch nördlich von List und der Bucht Königshafen erstreckt. Die private Dünenlandschaft steht unter Naturschutz und ist für Spaziergänger frei zugänglich. Das Schwimmen im Meer ist hier wegen tückischer Strömungen überwiegend verboten, aber allein die meist einsame Strandwanderung bis zur Spitze des Hakens mit Blick auf die dänische Insel Rømø ist schon etwas Besonderes. Hörnumer Odde nennt sich die Landzunge ganz im Süden, die anders als ihr Pendant im Norden durch Stürme und Wasserströmungen immer mehr an Substanz verliert. Vorbei am Leuchtturm und mit Blick auf die Nordfriesischen Nachbarinseln Föhr und Amrum, lassen sich hier auf einer Bootstour mit etwas Glück Robben und Schweinswale ausmachen. Zu den Robbenbänken laufen regelmäßig Ausflugsdampfer vom Hörnumer Hafen aus.

Von Westerland an der Nordseeküste sind es rund 20 Kilometer bis zum nördlichen List, etwa genauso weit wie an die Südspitze des Eilands bei Hörnum. Der Hindenburgdamm, der Sylt seit 1927 ganz im Inselosten über eine Eisenbahntrasse mit dem Festland verbindet, ist von Westerland rund 15 Kilometer entfernt.

Naturparadies im Norden

Große Inselflächen stehen seit Langem unter Naturschutz. Zwischen Westerland und Hörnum gedeihen in feuchtmoorigen Dünentälern seltene Pflanzen wie der fleischfressende Sonnentau. Allein 600 Schmetterlingsarten flattern im Sommer durch Sylts Lüfte. Sie laben sich auch am Nektar der Heide, die auf dem leicht erhöhten Geestrücken weitflächig gedeiht.

Imposant sind das Rote Kliff mit seiner von Wind und Wellen gebeutelten Abbruchkante zwischen Wenningstedt und Kampen sowie das zwei Kilometer lange Morsum Kliff im ruhigeren Inselosten. Entlang der zusammengeschobenen Erdschichten passieren Besucher dort während eines Kurzrundgangs rund zehn Millionen Jahre Erdgeschichte.

Zugvögel legen auf der größten nordfriesischen Insel zu Hunderttausenden auf ihrem Weg vom Norden Skandinaviens oder Russlands in den warmen Süden und auf ihrer Rückreise eine Rast ein: im Rantumer Becken und im Königshafen bei List oder in anderen Marschgebieten auf der Insel.

Von Friesen und Fremden

Seit 700 n. Chr. leben Friesen auf Sylt und vielen anderen Inseln der deutschen und niederländischen Nordseeküste. Ihre Kultur wird auf Sylt von der »Söl'ring Foriining«, dem größten Heimatverein Schleswig-Holsteins, gehegt und gepflegt. Mehr als 2500 Sylter engagieren sich in der Vereinigung, die auch das Altfriesische Haus und das benachbarte Sylter Heimatmuseum in Keitum, den »Denghoog« in Wenningstedt sowie die Vogelkoje nördlich von Kampen betreut. Vor allem im Osten, zwischen Keitum und Morsum, wird noch Inselfriesisch als Umgangssprache gesprochen.

Seit mehr als 150 Jahren kommen Urlaubsgäste auf die Insel. Zunächst angezogen von der klaren Luft und dem Reizklima, später auch vom (hüllenlosen) Bad in der Nordsee.

Zu den vielen Inselbesuchern zählten von Beginn des Fremdenverkehrs an immer wieder mehr oder weniger prominente Zeitgenossen. Die Sozialistin Rosa Luxemburg gehörte dazu und der Schriftsteller Thomas Mann, sein Kollege Max Frisch, der Boxer Max Schmeling, die Schauspielerin Marlene Dietrich ebenso wie die Verleger Peter Suhrkamp, Ernst Rowohlt und Axel Springer.

In den 1960er-Jahren erwarb sich vor allem Kampen den Ruf eines Sündenbabels mit wilden Strandfeten bei Buhne 16 mit Gunter Sachs oder Udo Jürgens. Die heutige Szene ist etwas weniger mondän; Schlagersänger und verblasste Sportgrößen halten sich an ihren Kelchen mit dem Sylter Modegetränk, Champagner-Bier, fest.

Genuss zu jeder Jahreszeit

Sylt hat sich zu Deutschlands kulinarischer (Strand-)Hochburg entwickelt. Wo früher Schweinskopfsülze zu einem Krug Warmbier serviert wurde, rühren heute Sterneköche in ihren Töpfen und exzellente Restaurants servieren internationale Gerichte. Dazu kommt frischer Fisch, vor allem von den Inselmatadoren Blum und Gosch, die Imbisse und Restaurants in mehreren Orten unterhalten.

Vor allem in der sommerlichen Hochsaison kann es auf Sylt voll werden; dann sind die Inselherbergen, vom Luxusresort bis zur einfachen Pension, ebenso wie die mehr als 10 000 Strandkörbe zwischen Westerland und Kampen gut belegt. Auch zwischen Weihnachten und Neujahr, wenn hin und wieder der Ostwind die Insel mit Frost überzieht, hat Sylt Saison.

TOP ★ ERLEBNISSE

★ FRIESISCHE ROMANTIK

Bevor die Westküste das Publikum anzog, galt Keitum als bedeutendster Inselort. Der »Mühlenhof« von 1730 kündet von Sylts Walfangvergangenheit, während viele der reetgedeckten Friesenhäuser heute als Ferienunterkünfte dienen, beschattet von hohen Linden und Kastanien.

★ WANDER-KLASSIKER

Der acht Kilometer lange Weg rund um das Rote Kliff gilt als eine der spektakulärsten Routen der Nordsee. Die Strecke beginnt an Kampens Sturmhaube, führt über die Uwedüne durch die Heide und am Klippenrand entlang. Ab dem Strandzugang 31 geht es über Lattenwege und viele Stufen bis zum Wennigstedter Strand. Der Rückweg ist leicht: Immer am Wasser bleiben!

★ WIND UM DIE NASE

Zum Sylter Sommerprogramm gehören mehrere Surfwettbewerbe, einige von nationalem, einige von internationalem Rang. Den Auftakt bildet das Multivan Summer Opening im Mai, gefolgt vom Kitesurf Cup Ende Juni, dem Multivan Surf Cup vier Wochen später und der Sailing Week Anfang August. Das Buhne 16 Longboard Festival fällt in den September, der Mercedes-Benz Windsurf World Cup beendet die Saison.

Weitere Informationen
www.sylt.de, www.westerland.de, www.insel-sylt.de

Panoramablick mit Michel, Elbphilharmonie und Hafen an der Elbe (oben) und italienisches Flair bei den Alsterarkaden vis-à-vis vom Rathaus (rechts oben). Abends drängen sich unternehmungslustige Partygänger durch die Große Freiheit auf St. Pauli (rechts unten).

2 DIE PERLE AN DER ELBE – HAMBURG

Die schönste Stadt der Welt

Das Hoch im Norden, Tor zur Welt oder heißes Pflaster im kühlen Norden? Die Metropole am Wasser mit ihren genau 2479 Brücken über Elbe, Alster, Nebenflüsse und Kanäle hat viele Kosenamen. Für die meisten Hamburger ist sie einfach die schönste Stadt der Welt. Hamburg bietet große und kleine Kunst, Sehenswürdigkeiten und viel Grün.

Irgendwann zwischen 810 und 830 n. Chr. wurde die Hammaburg an der Mündung der Alster in den Elbstrom erbaut. Sie schützte den Handelsweg über die Elbe und eine kleine Ansiedlung, die bald ein Missionszentrum für den Norden bildete.

Heute zählt die Freie und Hansestadt Hamburg, wie sie sich seit 1819 nennt, rund 1,8 Millionen Einwohner. In der gesamten Metropolregion, die von Cuxhaven bis Lübeck und von Dithmarschen bis zum Heidekreis reicht, leben etwa fünf Millionen Menschen. Hamburg ist eine Stadt von Gewerbe und Handel, von Medien und Kultur, mit dem größten deutschen Hafen und dem zweitgrößten in Europa. Hier gibt es Handelsgiganten, Versicherungen, Banken, Reedereien, die größte Kupferhütte Europas, IT-Unternehmen, Werbeagenturen und ein Shopping-Angebot, für das Kunden bis aus Skandinavien anreisen. In Hamburg ist außerdem Spitzentechnologie zu Hause: Das Airbus-Werk in Finkenwerder macht die Hansestadt zum drittgrößten Flugzeugbau-Standort der Welt, und im Teilchenbeschleuniger DESY erforschen Wissenschaftler die Grundbausteine der Materie.

Mehrmals im Jahr feiert Hamburg sich selbst, beim Kirschblütenfest, dem Alstervergnügen und den Cruise-Days mit einem Dutzend Kreuzfahrtriesen. Im Mai steigt eines der größten Hafenfeste der Welt, bei dem sich rund eine Million Schaulustige Konzerte, Feuerwerke, die Windjammerparade der Großsegler und das Ballett der Hafenschlepper nicht entgehen lassen.

NOTAR

ASTRA
Große Freiheit
Nr.7
www.grossefreiheit-nr7.de
Freiheit
Nr.7
Das
Tanzlokal
grossefreiheit-nr7.de
TABLE
DANCE
DOLLHOUSE
DOLLHOUSE D
G@LERIE
BAR & NIGHT CLUB
GROSSE FREI

Entspannung pur mit Blick auf den Hafen bietet der Elbstrand bei Övelgönne. Seit mehr als 80 Jahren gehört die frühere Landgemeinde zum Hamburger Vorort Othmarschen.

Kunst und Kommerz in der City

In der Innenstadt sind Handel und Kultur seit jeher zu Hause. Die Mönckeberg- und die parallele Spitaler Straße, der Neue Wall, die Großen Bleichen und der Jungfernstieg sowie die überdachten Einkaufspassagen mit exklusiven Läden locken Shopaholics an. Hier sind alle Designerlabels in hoher Dichte vertreten und zahlreiche Passagen bieten selbst bei schlechtem Wetter ungetrübtes Einkaufsvergnügen.

Mittendrin zeigt sich das repräsentative, im Stil des Historismus 1897 errichtete Rathaus der Stadt vom Trubel ungerührt. Das Kontorviertel erstreckt sich von der Mönckebergstraße bis zum Hafen. Die wuchtigen Bürogebäude aus dunkel gebranntem Klinker mit Staffelgeschossen, Dekorelementen und Terrakottaskulpturen sind erst vor rund 100 Jahren entstanden, nachdem die Stadt ein dicht bebautes Elendsquartier, in dem eine Cholera-Epidemie ausgebrochen war, komplett hatte abreißen lassen. Unter diesen markanten Gebäuden der Reeder und Kaufleute ragt das wie ein scharf geschnittener Schiffsbug gestaltete Chilehaus heraus, es steht seit 2015 auf der Weltkulturerbe-Liste der UNESCO.

Mehrere Theater und Kunstmuseen zeigen Kultur auf Weltniveau: allen voran das Deutsche Schauspielhaus und das Thalia Theater mit überregional beachteten Produktionen. Die Hamburger Kunsthalle mit der dazugehörigen Galerie der Gegenwart für zeitgenössische Kunst residiert in einem auffälligen kubusförmigen Bau. Mit rund 200 000 Besuchern im Jahr gehört das Museum für Kunst und Gewerbe zu den führenden Design-Museen in Europa. Kunstmeile nennt sich die Kette von Museen und Galerien, die sich von hier bis zum Hafen entlangzieht und einstige Markthallen zu Kulturtempeln umfunktioniert hat.

Der Hafen, das Tor zur Welt

Eigentlich ist das gebogene Nikolaifleet der erste Hafen Hamburgs. Hier legten im Mittelalter die Frachtsegler an. Deichstraße und Cremon, rechts und links des Wasserweges, gehören zu den äl-

testen erhaltenen Gebäude-Ensembles mit Kaufmannsspeichern aus dem 16. und 17. Jahrhundert.
Hafenrundfahrten kommen in den bei Ebbe trockenfallenden Fleeten nicht vorbei. Die starten an den St. Pauli Landungsbrücken, wo sich Möwen in der Luft um Brotstückchen balgen und man bereits die immerhin noch 130 Kilometer entfernte Nordsee zu spüren meint. Eine Kette von Pontons, schwimmenden Plattformen, dient als Anleger für die zahlreichen Hafenfähren, Rundfahrtdampfer, Barkassen und Schlepper. Man erreicht sie durch Torbögen in dem vor gut 100 Jahren errichteten, 200 Meter langen Empfangsgebäude der St. Pauli Landungsbrücken, das mit seinen grauen Tuffsteinmauern und grünen Kupferdächern ebenso wie der sich anschließende Kuppelbau des alten Elbtunnels längst unter Denkmalschutz steht.
Der Hafen kann auf eine 1000-jährige Tradition zurückblicken. In Europa wird er, zumindest was den Umschlag betrifft, nur von Rotterdam übertroffen. Rund 13 000 Schiffe löschen hier im Jahr ihre Ladung, von riesigen Containerschiffen von 300 Meter Länge bis zu kleinen Küstenmotorschiffen. Hoch automatisierte Containerbrücken be- und entladen die mehrstöckig gestapelten Container in Hochgeschwindigkeit. Schließlich ist die Liegezeit an den Kais teuer.
Waren früher die Routen über den Atlantik die Rennstrecke der Frachter, ist es heute das Asiengeschäft, das für Auslastung und Zuwachsraten sorgt. Sowohl für China als auch für Japan gilt der Hamburger Hafen als wichtiges Einfallstor nach Kontinentaleuropa, was Städtepartnerschaften Hamburgs mit Shanghai und Osaka unterstreichen.

Große Pötte und elegante Vögel

Zum Hafen gehören auch Werften, obwohl die beste Zeit des Schiffsbaus in Deutschland vorbei zu sein scheint. Blohm & Voss, die letzte der Großwerften, hat sich auf die Konstruktion privater Luxus-Großjachten sowie die Reparatur und Überholung von Schiffen spezialisiert. Wer Glück hat, kann in dem 351 Meter langen Trockendock Elbe 17, das den Landungsbrücken und dem Fischmarkt gegenüberliegt, Kreuzfahrtriesen wie die »Queen Mary II« oder Containerschiffe wie die 347 Meter lange »Sovereign Maersk« bestaunen. Gleichfalls am Südufer der Elbe, bei Finkenwerder, breitet sich das Airbus-Werksgelände aus, das sich bis zum Obstanbaugebiet des Alten Landes erstreckt. In großen Hallen werden die Flugzeugmodelle A318 bis A321 endmontiert, und auch

Im »Atlantic«-Hotel an der Außenalster ist die Welt zu Gast (oben). Aufregung pur auf dem Fischmarkt am Sonntagmorgen (unten).

Häuser mit Elbsicht. Das Treppenviertel von Blankenese gehört zu den teuersten Wohnlagen Hamburgs (oben). Entspannte Stimmung im Szeneviertel St. Georg (unten). In der Hafencity liegen Büros und Wohnungen (rechts oben). Das markante Chilehaus ist Welterbestätte (rechts unten).

der teure und prestigeträchtige Riesenvogel A 380 erhielt in Hamburg seine Innenausstattung, bis die Produktion Anfang des Jahres 2019 aus wirtschaftlichen Gründen eingestellt wurde.
Hamburg als Zwischenstation, als Tor vor allem in die Neue Welt, zeigt die »Auswandererwelt Ballinstadt«. Rund fünf Millionen Menschen aus Deutschland und den Ländern Osteuropas machten sich zwischen 1850 und 1934 mit Auswandererschiffen von Hamburg auf ins große Abenteuer, um in Baltimore oder New York einen neuen Anfang zu wagen.

St. Pauli und die Reeperbahn

Die sentimentale Seemannsromantik hat eine lange Geschichte. Liebeshungrige Matrosen haben bei den kurzen Liegezeiten gar keine Zeit mehr für einen St.-Pauli-Besuch, wie ihn noch Hans Albers »Auf der Reeperbahn nachts um halb eins …« besingt. Doch die »geile Meile« von Udo Lindenberg ist auch heute nicht verwaist. An guten Wochenenden ziehen insgesamt rund 200 000 Amüsierwillige über den Kiez, besuchen Musicals, Theateraufführungen und Auftritte international bekannter Live-Bands in den zahlreichen Musikklubs. Auch Striptease-Bars und käufliche Liebe gibt es noch, doch in Zeiten des Internets erscheint manch erotische Bühnenshow als geradezu liebenswert altmodisch. Nostalgisch ist auch das Panoptikum, ein Wachsfigurenkabinett, in dem Besucher Prominenten von James Dean bis Lena Meyer-Landrut in aller Ruhe tief in die Augen schauen können. Nicht weit vom früheren »Starclub« an der Großen Freiheit, Auftrittsort vieler Pop- und Rockidole von Chuck Berry bis Cream, liegt der wie eine riesengroße Schallplatte geformte Beatles-Platz. Silhouetten aus Edelstahl erinnern an die Hamburger Zeit der »Fab Four«, die allein 90 Mal auf der Bühne des Starclubs standen.

Die neuen Szeneviertel

Das Heiligengeistfeld, eine zehn Hektar große Ausstellungsfläche zwischen Wallringanlagen und dem Stadion des FC St. Pauli, ist im Frühjahr, Sommer und Winter jeweils vier Wochen lang Schauplatz des »Hamburger Doms«. Mehr als 250 Aussteller installieren Riesenräder, Achterbahnen und andere Fahrgeschäfte. Über 100 Essensstände versorgen die zusammen mehr als zehn Millionen Besucher auf dem größten Volksfest des Nordens.
Auf der gegenüberliegenden Seite der Feldstraße beginnt das Karolinenviertel, eines der neuen Szenequartiere der Stadt, in dem viele junge Mode-

designer ihre neuen Kollektionen ausstellen und verkaufen. Hierher, wie ins benachbarte Schanzenviertel oder nach Ottensen im weiter westlich gelegenen Altona, sind viele jüngere Leute gezogen, hier leben Künstler und Kreative, Fotografen, Autoren, Musiker oder Modedesigner neben vielen »normalen« Menschen aus allen Erdteilen. Auch die »Rote Flora«, ein seit 1989 von autonomen Gruppen besetztes ehemaliges Konzert- und späteres Kaufhaus, ist ins Schanzenviertel integriert und gehört inzwischen zur lokalen Folklore. In mehreren der sanierten Gebäude des ehemaligen Schlachthofes sind inzwischen Restaurants von TV-Köchen, eine Kaffeerösterei, Schallplattenlabels oder Klubs mit Live-Musik zu Hause.

Rund um die Außenalster

Hamburg ist zwar urban, zeigt aber auch viel Natur. Rund um die Außenalster, dem schon 1235 zu einem See aufgestauten Alsterflüsschen inmitten der Stadt, ist dies besonders gut zu sehen. »Planten un Blomen«, der zu einem Landschaftspark umgestaltete frühere Botanische Garten, der Alsterpark von Pöseldorf, der Hayns Park in Eppendorf oder der weitläufige Stadtpark, der sich von Winterhude mit Planetarium, Sportanlagen, Liegewiesen, Rosengarten, Freilichtbühne und Stadtparksee bis nach Barmbek erstreckt, sind Treffpunkte der Stadtbewohner. Sie kommen in die Grünanlagen, um sich entweder sportlich zu betätigen – zu laufen, Boule und Fußball zu spielen – oder einfach beim Grillen oder Sonnenbaden zu entspannen.
Wer jenseits der Elbbrücken nach Harburg in den Süden der Stadt, nach Bergedorf ganz im Osten oder nach Blankenese im Westen fährt, kann feststellen, dass Hamburg nicht nur Stadt, sondern auch ein Bundesland ist. Erst 1936/37 wie andere Gebiete Preußens Hamburg angegliedert, haben sich die Gemeinden ihren eigenen Charakter bewahrt. Dabei zeigt der Westen mit der noblen Elbchaussee, einer neun Kilometer langen Prachtstraße zwischen Altonaer Rathaus und dem schicken Treppenviertel von Blankenese, mit seinen weitläufigen Parks, angesehenen Feinschmeckerrestaurants und repräsentativen Reeder- und Kaufmannsanwesen die Schokoladenseite der Stadt.

TOP ★ ERLEBNISSE

★ HARBURGS BERGWANDERUNG

Das mit den Bergen mag bei Erhebungen von maximal 120 Metern übertrieben klingen, aber zwei Stunden Zeit beansprucht die Wanderung vom Bahnhof Neuwiedenthal durchaus. Zu den bestiegenen Gipfeln gehören der 60 Meter hohe Scheinberg, der 65 Meter hohe Falkenberg und die Hügelgräber aus der Steinzeit, bevor es durchs Fischbeker Trockental zum »Alten Schafstall« geht.

★ HAMBURGS ERBESTÄTTEN

Die Stoffe, denen Henry B. Sloman seinen Reichtum verdankte, sind selten unspektakulär: Salpeter und Guano. Das Gebäude, das der amerikanische Kaufmann mit hanseatischen Wurzeln von diesem Geld ins Kontorviertel setzen ließ, sprengte dagegen den Rahmen. Denn das Chilehaus an der Burchardstraße war mit seiner extremen Spitze bei seiner Fertigstellung 1924 eine Sensation. Seit 2015 gehört das Bürohaus von Fritz Höger zum UNESCO-Weltkulturerbe, zusammen mit der Speicherstadt. Deren 430 000 Quadratmeter Fläche bilden den größten Lagerhauskomplex weltweit, entstanden zwischen 1883 und 1927.

Weitere Informationen
www.hamburg.de,
www.hamburg-tourism.de,
www.hafencity.de,
www.regionalpark-rosengarten.de

Märchenskulptur »Bremer Stadtmusikanten« mit Hintersinn: Nur gemeinsam sind wir stark (unten). Marktplatz mit Rathaus: Architekturkleinod und UNESCO-Welterbe im Zentrum (rechts oben). Bremer Dom: Mit dem Bau der doppeltürmigen romanischen Kirche wurde im 11. Jahrhundert begonnen (rechts unten).

3 DIE STADTMUSIKANTEN GRÜßEN – BREMEN

Bürgerstolz und Baukultur

Das kleinste deutsche Bundesland hat seit dem Mittelalter seine Unabhängigkeit bewahrt. Bremens »gute Stube« ist der Marktplatz mit Rathaus und Roland, Symbolen für Bürgerstolz und Souveränität. Dort befinden sich die wichtigsten Sehenswürdigkeiten der Hansestadt, zu der mit Bremerhaven noch eine Trabantenstadt an der Wesermündung gehört.

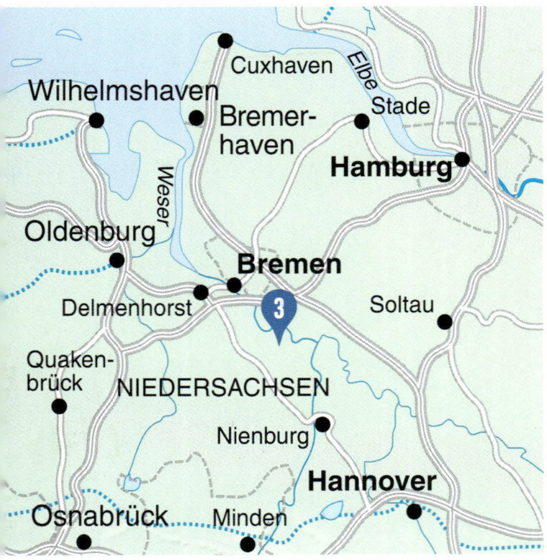

Erstaunlich klein stehen sie da, die »Bremer Stadtmusikanten«. Esel, Hund, Katze und Hahn stehen als Bronzeskulptur übereinander am Rathaus. »Gemeinsam sind wir erfolgreich«, scheinen sie den Passanten zuzurufen, auch gegenüber vermeintlich stärkeren Autoritäten. Ganz blank sind die Vorderbeine des Esels von zahllosen Händen gescheuert, denn wer dem Esel das Bein reibt, dem sei ein Wunsch gewährt, so will es die Legende. Wichtig ist, mit beiden Händen zu reiben. Sonst handelt es sich nur um zwei Esel, die einander die Hand reichen, schmunzeln die Bremer.

Der Marktplatz: die Bremer Mitte

Das vor rund 700 Jahren errichtete und im 17. Jahrhundert mit einer Fassade im Stil der Weserrenaissance versehene Rathaus am Marktplatz gehört zusammen mit dem Bremer Roland zum Weltkulturerbe der UNESCO. Der Baumeister Lüder von Bentheim (um 1555–1613) erhielt um 1600 den Auftrag, die Fassade neu zu gestalten. Elf Arkaden gliedern den unteren Teil der Front, das Dach zieren drei Giebel. Die obere Rathaushalle gehört zu den schönsten Festsälen Bremens. Von der Decke hängende Schiffsmodelle weisen auf die maritime Orientierung der Stadt hin.
Der über fünf Meter hohe Bremer Roland vor dem Rathaus hält schon seit 1404 sein blankes Schwert in der Hand, bereit, die Freiheit der Stadt gegenüber Adel und Kirchenfürsten zu verteidigen. Sein Schild mit dem Adler ist Symbol für den Schutz der Reichsfreiheit.
Patrizierhäuser gruppieren sich um den Marktplatz, die Handelskammer und das Haus der Bre-

Der Bremer Roland wacht seit über 600 Jahren am Marktplatz der Hansestadt (unten). Wie ein futuristisches Schiff: das Klimahaus in Bremerhaven (oben). Das Auswandererhaus zeigt eindrucksvolle Schicksale von Migranten auf (rechts oben). Sturmmöwe im Anflug (rechts unten).

mischen Bürgerschaft. Nach Westen schließt der doppeltürmige Bremer Dom den Platz ab. Fast 1000 Jahre liegt der Baubeginn des St.-Petri-Doms zurück, der im 13. Jahrhundert gotisch umgestaltet wurde. Wer die 265 Stufen des knapp 100 Meter hohen Nordwestturms emporsteigt, wird mit einem Panoramablick über die Stadt belohnt. Zu den besonderen Dom-Schätzen gehören bischöfliche Gewänder aus mittelalterlichen Grabstätten. Mehrere im Bleikeller ausgestellte Mumien aus dem 15. bis 18. Jahrhundert scheinen selbst an der Luft nicht zu verwesen. Das bronzene Bremer Taufbecken aus dem 13. Jahrhundert im Kircheninneren zeigt in einer langen Reihe Jesus, seine Apostel, die Propheten und Engel.

Nur rund 100 Meter ist die Böttcherstraße lang und doch gehört sie mit ihrer besonderen Architektur und den originellen Geschäften zu Bremens bekanntesten Attraktionen. An der Verbindungsgasse vom Markt zur Weser betrieben einst Fass- und Zubermacher ihr Handwerk. Der Bremer Kaffeefabrikant Ludwig Roselius ließ von 1923 bis 1937 Häuser aus Back- und Sandstein mit Anklängen an den Art-déco-Stil und architektonischen Zitaten niederdeutscher Baukultur errichten. Von hier sind es nur wenige Schritte bis zur Weser, zu den Cafés und Biergärten entlang der Weserpromenade Schachte. Die Nachbauten historischer Schiffe erinnern daran, dass bis zum 18. Jahrhundert an dieser Stelle Schiffe in See stachen.

Auch das Schnoorviertel erzählt von alten Zeiten. Wie Perlen auf einer »Schnoor« reihen sich in Bremens ältestem Quartier die schmalen Häuser (15./16. Jahrhundert) aneinander. In den Kunstgewerbe- und Antiquitätenlädchen sowie bei den Gold- und Silberschmieden lassen sich originelle Stücke erstehen, Cafés und Restaurants laden zu Pausen ein.

Bremens Museums-Highlights

Bis zum 17. Jahrhundert schützten die Bremer ihre reiche Stadt mit einer Befestigungsanlage, die zudem ein gezackter Wassergraben sicherte. Noch heute umgeben die Wallanlagen fast die komplette Altstadt und auch der Wassergraben ist rechts der Weser erhalten. Inzwischen dienen die Anlagen jedoch der Erholung, mit gepflegten Landschaftsgärten, in denen auch die alte Wallmühle am Herdentor, die letzte Windmühle auf Bremer Stadtgebiet, eine neue Bestimmung als Café gefunden hat. Die Kunsthalle in den Wallanlagen lohnt besonders wegen ihrer exzellenten Sammlung von Werken aus der Worpsweder Malerkolonie und des Expressionismus einen Besuch.

Weiter im Norden kann man im Überseemuseum am Bahnhofsplatz über den Tellerrand schauen: Entstanden aus Mitbringseln von Seereisen bremischer Kaufleute und Missionare, informiert es heute über soziale Aspekte des Lebens in Entwicklungs- und Schwellenländern. Das ungewöhnliche und attraktive »Science Center Universum« zeigt, dass Museen zugleich informativ und kurzweilig sein können. Hier simuliert ein Erdbebenraum Erdstöße unterschiedlicher Intensität, lässt ein Riesengong Schallwellen und ein Turm der Lüfte die Kraft des Windes erspüren.

Die Dependance am Meer

Wenn Freimarkt ist, gelten in Bremen andere Gesetze. Seit bald 1000 Jahren feiern die Bremer ihr ältestes Volksfest in der zweiten Oktoberhälfte. Aus einem Verkaufsmarkt ohne einengende Zunftregeln ist im Lauf der Zeit ein Vergnügungsfest geworden, bei dem sich der nostalgische »Kleine Freimarkt« auf dem Marktplatz mit dem »Großen Freimarkt« auf der Bürgerweide mit seinen Fahrgeschäften und Essensbuden ergänzt.

Mit mehr als 100 000 Einwohnern selbst eine Großstadt, gehört Bremerhaven zu Bremen und bildet gemeinsam mit der Weserstadt ein eigenes Bundesland. Der Nordseehafen liegt 60 Kilometer flussabwärts von Bremen an der Wesermündung. Neue Attraktionen entlang der Hafenkante machen Bremerhaven auch unabhängig von der großen Schwester zum interessanten Ausflugsziel. Neben dem Deutschen Auswandererhaus ist das abends dekorativ beleuchtete Klimahaus Bremerhaven ein Besuchermagnet. In dem wie ein Schiffsrumpf gestalteten Gebäude können Besucher die Lebensbedingungen in verschiedenen Klimazonen nachempfinden, von –6 Grad in der Antarktis-Station bis 25 Grad im Niger-Kabinett. Das »Atlantic Hotel Sail City« am Weserufer ähnelt äußerlich dem »Burj al Arab« in Dubai. Im Deutschen Schifffahrtsmuseum zwischen Außenweser und Altem Hafen sind historische Schiffe ausgestellt, darunter eine restaurierte Hansekogge von 1380. Sinnenfroh geht es im Schaufenster Fischereihafen zu. Die frühere Fischpackhalle IV des Fischereihafens gewährt Einblicke in die maritime Welt.

TOP ★ ERLEBNISSE

★ DER SCHÖNE AUSFLUG

Über acht Kilometer und etwa drei Stunden führt der Wanderweg von der Storchenstation am Sachsenheim in Verden durchs Halsetal. Er passiert die Allee der 4500 Steine im Sachsenhain – sie erinnern an 4500 sächsische Edelleute, die Karl der Große 782 hingerichtet haben soll. Eine andere Station auf der waldreichen Strecke ist der Verdener Brunnen, der für sein heilsames Wasser berühmt ist.

★ DER GROSSE ANSTICH

Bremens Rathaus und sein Roland stehen seit 2004 auf der Welterbeliste – und mit ihnen der historische Ratskeller, in dem 650 Sorten deutscher Wein lagern. Herzstück eines der ältesten deutschen Weinkeller sind der Rose- und Apostelkeller, in dem ein Fasswein von 1653 verwahrt wird.

★ DER GROSSE AUFBRUCH

In der zweiten Hälfte des 19. Jahrhunderts gab es kein Halten: Alle wollten nach Amerika. Mehr als sieben Millionen europäischer Auswanderer suchten ihr Heil im Westen, viele von ihnen schifften sich in Bremerhaven ein. Im Neuen Hafen erinnert heute das Deutsche Auswandererhaus an die moderne Völkerwanderung.

Weitere Informationen
www.bremen-tourismus.de,
www.ratskeller-bremen.de,
https://dah-bremerhaven.de,
www.landkreis-verden.de

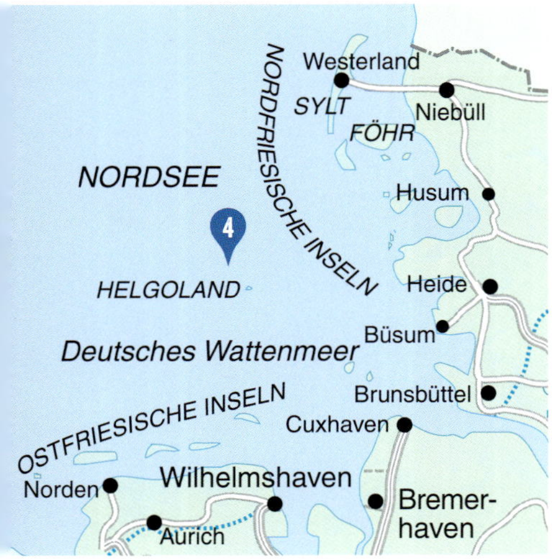

4 INSEL MIT FAHRSTUHL – HELGOLAND

Der Fels in der Brandung

Rund 60 Meter ragt Helgolands Plateau aus rotem Sandstein aus der Nordsee empor. Die meisten der etwa 300 000 Besucher pro Jahr kommen mit Seebäderschiffen vom gut 60 Kilometer entfernten Festland. Von kleinen Börtebooten werden sie an Land gebracht.

Grün ist das Land, rot ist die Kant, weiß ist der Strand, das sind die Farben von Helgoland«, so lautet die kürzeste Charakterisierung des markanten Felsens. Der längste Spaziergang auf der nur zwei Quadratkilometer großen Nordseeinsel in der Deutschen Bucht dauert eine Stunde, dann ist Helgoland auf dem Klippenrandweg umrundet. Ganz im Westen erhebt sich, durch Wellenbrecher geschützt, der Felsturm der »Langen Anna«, eine Säule aus rotem

Blauer Himmel, glitzerndes Meer und der rote Buntsandstein – so sieht ein idealer Tag auf Helgoland aus (rechts). Sicher ist die Mutter des Kegelrobbenbabys nur gerade auf Fischfang (rechts oben).

Sandstein. In den Klippen des Plateaus nisten Trottellummen, die Pinguinen ähneln. Per Fahrstuhl oder Treppenweg ist das grüne Unterland Helgolands schnell erreicht. Hier leben die meisten der rund 1300 Insulaner. Zu den berühmtesten gehörte Autor James Krüss (1926–1997), der mit Timm Thaler viele Kinderherzen eroberte. Ein Museum erinnert an den Geschichtenerzähler.

Schnäppchen und viel Natur

Tagestouristen finden in den bunten früheren »Hummerbuden« noch immer zollfreie Waren für Schnäppchenkäufe. Naturliebhabern und Ruhebedürftigen bietet die Insel ein Idyll mit Meeresvögeln, Kegelrobben und Seehunden. Im Schauaquarium leben Rochen, Seewölfe und andere Meerestiere. Eine Dünenfähre legt zur benachbarten Badedüne ab und ein Naturlehrpfad informiert über Flora und Fauna.

Schleswig-holsteinische Herzöge, der dänische König, Deutsche und Engländer herrschten zeitweise über Helgoland, das seit 1890 zum Deutschen Reich gehörte. Nach dem Zweiten Weltkrieg übte hier die britische Luftwaffe Bombenabwürfe, bis die Insel Schleswig-Holstein zugesprochen wurde. 1952 begannen die ersten Bewohner mit dem Wiederaufbau.

TOP ★ ERLEBNISSE

★ KLIPPENWEG

Die Runde über die Nordseeinsel Helgoland ist absolut verlauf-sicher: Sie führt vom Hafen aus über den Klippenrandweg bis zum Blick auf die Lange Anna und wieder zurück. Auf maximal fünf Kilometer lässt sich der Weg strecken, doch sehr viel mehr als zwei Stunden wird man kaum unterwegs sein – es sei denn, Picknick-Pausen unterbrechen die Wanderung.

★ VOGELFELSEN

Auf den Bundsandsteinfelsen der 47 Meter hohen Langen Anna trauen sich nur die Seevögel: Basstölpel, Trottellumme und Dreizehenmöwe brüten hier. Besucher müssen sich mit dem Blick auf Deutschlands berühmtesten Brandungspfeiler begnügen und sollten dabei auch die Kurze Anna beachten, die einst fest mit dem Oberland verbunden war.

★ SANDINSEL

Ursprünglich bildeten Helgoland und die Düne eine Insel, doch Sturmfluten und steter Kalkabbau trennte die Kalkklippe vor fast 300 Jahren ab. Hier befinden sich der Flughafen und der bewachte Südstrand. Der Nordstrand dagegen dient den Kegelrobben im Winter als Kinderstube.

Weitere Informationen
www.nordseetourismus.de,
www.helgoland.de

Von Lübeck und Travemünde streben Fährschiffe zu verschiedenen skandinavischen Häfen an den Küsten der Ostsee (oben). Dekorative Schmuckfassade auf dem Kriegsstubenhaus am Rathaus (rechts oben). Reizvolle Perspektive: Blick von oben auf Giebelhäuser in der Großen Petersgrube (rechts unten).

5 MARZIPAN UND BUDDENBROOKS – LÜBECK

Die Backstein-Schönheit

Die aus Backstein erbaute Altstadt der einstigen »Königin der Hanse« gehört zum UNESCO-Kulturerbe der Menschheit. Schon die Wenden nannten ihre Siedlung nahe der Travemündung »Liubice«, die Liebliche. Die Schriftsteller Thomas Mann und Günter Grass sowie der Politiker Willy Brandt gehörten zu ihren prominentesten Bürgern der Neuzeit.

Im Mittelalter kreuzten sich in Lübeck die Handelswege. Pelze und Erze kamen aus Skandinavien, Händler aus dem Süden lieferten Stoffe und natürlich das kostbare Salz, das entlang der Salzstraße Lübeck erreichte, um von hier verschifft zu werden. Mit ande-ren Handelsstädten schloss sich Lübeck im 14. Jahrhundert zur Hanse zusammen, dem mit rund 200 Mitgliedern mächtigsten Städtebund der Menschheitsgeschichte. Dank seiner herausgehobenen Rolle im Fernhandel, vor allem im Ostseeraum, entwickelte sich das reiche Lübeck der Kaufleute bald zum wichtigsten Mitglied der Hanse.
Bis heute gehört der Handel, aber auch der Tourismus zu den bedeutendsten Wirtschaftszweigen der munteren 216000-Einwohner-Stadt, die über den größten Hafen des Ostseeraums Verbindungen nach Skandinavien, Russland und ins Baltikum unterhält. Von Lübeck sind es nur wenig mehr als ein Dutzend Kilometer nach Travemünde an der Ostsee und zu den langen Stränden von Priwall bis Sierksdorf entlang der Lübecker Bucht.

Altstadt-Ansichten

Zwei wuchtige Tore aus dunklem, gemauertem Backstein flankieren das Holstentor, bekanntestes Wahrzeichen der Hansestadt. Neben dem Burgtor ist das »Holstein-Tor« von den ehemals vier Stadttoren erhalten geblieben. Ein Museum im

Das mittelalterliche Holstentor ist das Wahrzeichen von Lübeck (oben). Im Holstenhafen unterhalb des Kaufmannsviertels löschten einst die bauchigen Handelskoggen ihre Ladung (unten). Landschafts- und Esszimmer im Buddenbrookhaus (rechts oben). Zwischen Travemünde und dem Timmendorfer Strand liegen viele malerische Seebrücken, wie hier bei Niendorf (rechts unten).

Inneren informiert über die Stadtgeschichte, zeigt Modellschiffe und grausige Folterinstrumente. Gleich rechts dahinter stehen einige Speicher direkt am Ufer der Stadt-Trave. In ihnen lagerte Salz, das der Stadt einst einen Gutteil ihres Reichtums brachte, bis zu seinem Weitertransport. Salz wurde nicht allein zum Würzen der Speisen, sondern vor allem zum Konservieren von Heringen benötigt.

Die von den Wassern der Trave und der Wakenitz eingefasste Altstadtinsel mit ihren mehr als 1000 denkmalgeschützten Gebäuden lässt sich in einigen Stunden erwandern. Im Zentrum liegen der Marktplatz mit dem Rathaus sowie die Marienkirche. Ein im romanischen Stil errichtetes Gewandhaus der Tuchhändler ließen die Stadtväter bald für ihre Zwecke zu einem Rathaus umbauen. Die Schauwand an der Südfassade dokumentiert mit einem Rundbogenfries diese Epoche. Als Kontrast zur Wand aus verschiedenfarbigen Ziegeln kam im späten 16. Jahrhundert die in niederländischer Manier gebaute Renaissancelaube hinzu. Die Ostfassade zur Breiten Straße schmückt eine Prunktreppe aus Sandstein, 1594 im Stil der Renaissance errichtet und 400 Jahre später perfekt nachgebaut. Im Inneren beeindruckt der im 18. Jahrhundert mit allegorischen Gemälden dekorierte Audienzsaal. Einst der Sitz eines Berufungsgerichts, bildet er heute den prachtvollen Rahmen für Veranstaltungen.

Lübecks markante Wahrzeichen

Die Doppeltürme der mächtigen gotischen Marienkirche ragen 125 Meter in den Lübecker Himmel. Nach dem Baubeginn 1250 sollte es noch 100 Jahre bis zur Fertigstellung des drittgrößten Kirchenbaus in Deutschland dauern. Der Begriff der Backsteingotik, später im gesamten deutschen Ostseeraum prägend, hat hier seine Wurzeln. Die Nähe zum Rathaus ist nicht zufällig. Schließlich gaben die reichen Lüb'schen Bürger den Bau als Gegenpol zum Dom bei der Amtskirche in Auftrag. Im Inneren überwältigt das Langhaus mit dem höchsten Backsteingewölbe der Welt.

Zu den besonderen Kirchenschätzen gehören der herrlich geschnitzte Marienaltar von 1518, das zehn Meter hohe bronzene Sakramentshaus aus dem 15. Jahrhundert und der Nachbau der Großen Orgel. Auf ihr spielte der berühmte Organist Dietrich Buxtehude (1637–1707) fast 40 Jahre lang, u. a. bewundert von Johann Sebastian Bach. Die im Zweiten Weltkrieg von den ausbrennenden Türmen heruntergestürzten Glocken liegen als Mahnmal für den Frieden noch immer auf dem geborstenen Steinboden der Kirche.

Auf der gegenüberliegenden Seite der Breiten Straße öffnet ein ähnlich bekanntes Wahrzeichen Lübecks jeden Morgen seine Türen. Das Haupthaus der Marzipanfirma Niederegger präsentiert süße Köstlichkeiten. Schon das Ladengeschäft mit den kunstvoll geformten Marzipanfiguren lohnt einen Besuch. Johann Georg Niederegger begründete 1806 die Tradition des Unternehmens, das eine schon 1000 Jahre ältere Rezeptur aus dem Orient verfeinerte und als Lieferant für Königs- und Bürgerhäuser zu Ruhm und Reichtum kam.

Den Süden der Altstadt markieren die wuchtigen Vierecktürme des Doms. Schon 1173 als Bischofskirche gegründet und lange das Gegenstück zur Marienkirche im Zentrum, verlor sie an Bedeutung, als der Bischofssitz um 1300 nach Eutin umzog. Dennoch wurde die Hallenkirche mehrfach aus- und umgebaut. Das 17 Meter hohe, vom Lübecker Künstler Bernt Notke (1435–1509) geschnitzte Triumphkreuz ist das kostbarste Stück im Kircheninneren.

Die Stadt der Nobelpreisträger

Welcher Lübecker Bürger des ausgehenden 19. Jahrhunderts hätte gedacht, dass der überaus mäßige Lübecker Realschüler Thomas Mann, dessen Großeltern in der Mengstraße wohnten, einmal den Nobelpreis für Literatur erhalten würde? Wer, dass ein gewisser Herbert Frahm den Friedensnobelpreis überreicht bekäme? Dem 1913 in Lübeck geborenen Politiker, der sich im norwegischen Exil in Willy Brandt umbenannte, ist das gleichnamige Haus in der Königstraße gewidmet. Es zeichnet den Lebensweg des sozialdemokratischen Politikers und Bundeskanzlers nach, der für seine Aussöhnungspolitik 1971 mit dem Friedensnobelpreis geehrt wurde.

Auch das Günter-Grass-Haus in der Glockengießerstraße steht nicht weit entfernt. Der Literaturnobelpreisträger von 1999 wurde zwar in Danzig geboren, lebte aber von 1986 bis zu seinem Tod 2015 bei Lübeck. Für die Weine, die der Shop im Günter-Grass-Haus vertreibt, entwarf er die Etiketten.

Zahlreiche weitere Museen stellen attraktive Ziele dar: das ehemalige Burgkloster, das Haus der Schiffergesellschaft, die Jakobikirche, das frühere Heilig-Geist-Hospital für Bedürftige, in dem die winzigen Schlafkämmerchen noch erhalten sind, oder das in einem Augustinerinnenkloster von 1502 eingerichtete Kunstmuseum St. Annen.

TOP ★ ERLEBNISSE

★ MONDÄNE PROMENADE

Von Travemünde über Niendorf nach Timmendorfer Strand zieht sich ein gut 13 Kilometer langer Wanderweg, der mal direkt am Meeressaum, mal nah der Abbruchkante des Hochufers verläuft. Den schönen Schlusspunkt im Seebad setzt die Seebrücke.

★ WELTBEKANNTE KLEINSTADT

Die Altstadt gebe als »Gesamtkunstwerk« ein hervorragendes Beispiel menschlicher Siedlungsgeschichte – so urteilte die Welterbekommission und verlieh Lübeck bereits 1987, als erster Stadt im Norden Europas, den Welterbetitel. Das historische Raumgefüge der Stadt und die innen und außen erhaltene Bausubstanz vieler Gebäude spiegeln bis heute die Bedeutung der Hansemetropole.

★ WELTBERÜHMTE GROSSFAMILIE

Im Buddenbrookhaus in der Mengstraße verschmelzen Literatur und Geschichte. Das weiße Haus gegenüber der Marienkirche ließen Thomas Manns Großeltern errichten. Der Schriftsteller machte es zum Schauplatz seines Romans über den »Verfall einer Familie« und erhielt dafür 1929 den Literaturnobelpreis. Heute ist dort das Buddenbrookmuseum mit Buchladen untergebracht.

Weitere Informationen
www.luebeck-tourismus.de,
www.buddenbrookhaus.de,
www.timmendorfer-strand.org

Ebbe und Flut legen das Wattenmeer zweimal in 25 Stunden trocken. Das Wasser fließt durch Priele ab.

6 WILDNIS IM NORDEN – DAS WATTENMEER

Ökosystem mit ganz eigener Tierwelt

Das rund 10 000 Quadratkilometer große Wattenmeer erstreckt sich entlang der Nordseeküste vom südlichen Dänemark bis zu den friesischen Inseln der Niederlande. Millionen Kleinstlebewesen, Fische und Vögel bevölkern diesen Raum zwischen Wasser und Land.

Die Wattflächen zwischen Festlandsküste und der Kante des Festlandssockels fallen zweimal in 25 Stunden trocken und werden nach wenigen Stunden wieder vom Wasser der Nordsee bedeckt. Hier hat sich eine ganz eigene Flora und Fauna herausgebildet. Wissenschaftler haben insgesamt 2500 Tier- und 700 Pflanzenarten im Wattenmeer gezählt. Ihnen dürfen die ungewöhnlichen Lebensbedingungen nichts ausmachen, sie müssen Salzwasser verarbeiten können und mit dem Trockenfallen sowie der starken Strömung viermal am Tag klarkommen. Die winzige Wattschnecke gehört zu den Überlebenskünstlern im Watt. Wer über Adleraugen verfügt, könnte 50 000 Exemplare in einem Quadratmeter Wattboden finden. Strandschnecken klappen bei Ebbe ihr Schneckenhaus für ein paar Stunden zu, Schollen legen sich platt auf den feuchten Wattboden. Dank ihrer grau gefleckten Haut sind sie kaum auszumachen. Und rund zehn Millionen Zugvögel haben das Wattenmeer zum Rastplatz auf ihrer langen Reise in den Süden gemacht.

Stets gefährdete Natur

Inzwischen wird das durch Schadstoffe, Überfischung und industrielle Nutzung gefährdete Geotop mit seinen Wattflächen und Prielen, mit den Feuchtgebieten und Salzwiesen sowie mit Sandbänken und Dünen in Dänemark, Deutschland und den Niederlanden als Nationalpark geschützt. Seit 2009 gehört das Wattenmeer zum UNESCO-Weltnaturerbe. Schutzstationen bieten Wattwanderungen, Vogelführungen, Strand- und Dünenexkursionen sowie Fahrten zu Robbenbänken an.

INFO: www.nationalpark-wattenmeer.de

Der Weg durch die Heide ist während der Blütezeit ab Ende August besonders reizvoll.

7 BUKOLISCHE LANDSCHAFT – LÜNEBURGER HEIDE

Blühendes Naturwunder

Im August und September blüht in der Lüneburger Heide das Heidekraut. Dann überzieht ein blau-violetter Blütenteppich die leicht hügelige Landschaft und die kerzengerade gewachsenen Wacholderbüsche treten dunkelgrün noch deutlicher in Erscheinung.

Das größte Heidegebiet Deutschlands erstreckt sich zwischen Verden an der Aller und Ülzen über rund 10000 Quadratkilometer, ein gutes Zehntel davon ist als Naturpark Lüneburger Heide besonders geschützt, zum Teil sogar als Naturschutzgebiet. Dabei ist der Mensch der eigentliche Schöpfer dieser Kulturlandschaft. Ursprünglich war die gesamte Region im Städtedreieck von Hamburg, Hannover und Bremen bewaldet. Besiedlung, Ackerbau auch auf wenig ergiebigen Sandböden und die Rodung der Wälder wegen des enormen Holzbedarfs der Lüneburger Saline begünstigten vor rund 800 bis 1000 Jahren die Ausbreitung der genügsamen Heidevegetation. Schäfer mit ihren Herden – die Schafe heißen hier Heidschnucken – taten ein Übriges: Die Tiere bissen die jungen Baumtriebe weg. So ist streng genommen der Raubbau an der Natur, nicht ihre Bewahrung für die bukolische Landschaft verantwortlich.

Aktivurlaub in der Lüneburger Heide

Wandern, Reiten, Nordic Walking, Kutsch- und Radfahrten – die Landschaft mit ihren Heideflächen, Mooren, Wäldern und Flüssen lässt sich auf viele Arten erkunden. Vom 169 Meter hohen Wilseder Berg bieten sich Panoramablicke. Dörfer wie Undeloh mit seinen reetgedeckten Häusern sowie kulturelle Attraktionen wie die früheren Heideklöster und das Salz- und Hansestädtchen Lüneburg bieten sich für einen Zwischenstopp an. In Schneverdingen zeigt der Heidegarten die Vielfalt des Gewächses: Hier blühen 75 verschiedene Sorten. Auch Walsrode und sein Vogelpark sowie die Residenzstadt Celle laden zum Verweilen ein.

INFO: www.lueneburger-heide.de

8 TRAUMLAGE AM SEE – SCHWERIN

Märchenhaftes Wasserschloss

Mecklenburg-Vorpommerns Landeshauptstadt war ab dem 14. Jahrhundert Residenz der Mecklenburger Herzöge. Sie erbauten auch das märchenhafte Wasserschloss auf einer Insel zwischen Burg- und Schweriner See. »Stadt der Seen und Wälder« nennt sich Schwerin selbst, für den Dichter Fontane war sie eine »Lagunenstadt im Taschenformat«.

Schwerin ist als Regierungssitz und älteste Stadt Mecklenburgs sicherlich die bedeutendste Stadt Mecklenburg-Vorpommerns. Heinrich der Löwe (um 1130–1195) eroberte 1160 die Burg Zuarin, die die slawischen Abodriten am heutigen Schlossplatz um das Jahr 965 errichtet hatten. Erst wohnte hier sein Statthalter, dann hielten die Schweriner Grafen und ab 1358 die mecklenburgischen Herzöge selbst Hof. Die Siedlung am Seeufer wuchs zur Stadt heran, bald war sie Bischofssitz.

Im 16. Jahrhundert von Feuersbrünsten heimgesucht und wirtschaftlich ins Abseits geraten, profitierte Schwerin ab Mitte des 19. Jahrhunderts vom Anschluss ans Eisenbahnnetz. Parallel wurde das Schloss nach französischem Vorbild umgestaltet. Nach dem Ersten Weltkrieg zur Hauptstadt des Freistaates Mecklenburg-Schwerin bestimmt, versank die DDR-Bezirksstadt ab 1945 in Bedeutungslosigkeit, bevor sie 1990 zur Hauptstadt des neuen Bundeslandes Mecklenburg-Vorpommern gekürt wurde.

Schweriner Überblick

Die Aussicht aus den Fenstern des Restaurants in genau 101 Meter Höhe reicht weit über Stadt, Seen und Land. Seit Ende 1999 ist der Schweriner Fernsehturm nicht weit vom südlichen Ufer des Schweriner Sees wieder öffentlich zugänglich. Tief unten präsentiert sich die Stadt mit ihren

Wie eine Märchenburg ragt Schloss Schwerin über dem Burgsee auf (unten). Die Stadt liegt sehr idyllisch am Schweriner See (rechts oben). Das Schloss Schwerin ist berühmt für seinen reichen Skulpturenschmuck (rechts unten).

Sehenswürdigkeiten, dem Schloss und der Altstadt samt Kirchen, Museen und Plätzen und der Plattenbausiedlung Großer Dreesch.
Schwerins Wahrzeichen ist das ehemalige Residenzschloss auf einer kleinen Insel zwischen Schweriner See und Burgsee. Die vergoldeten Türmchen und die prunkvolle Innenausstattung machen das Schweriner Schloss zu einem der bedeutendsten Bauwerke des romantischen Historismus in Europa.
Seit 1990 tagt der Landtag des Bundeslandes Mecklenburg-Vorpommern im Schweriner Schloss. Gleich südlich der Insel führt eine Brücke in den Schlossgarten und zu einigen Anlagen, die wie die »schwimmende Wiese« im Burgsee im Zuge der Bundesgartenschau von 2009 geschaffen wurden.

Ein Dom mit Lufthoheit

Die verkehrsberuhigte Schlossstraße führt vom Alten Garten in die Stadt. Mit dem Fachwerkbau des Alten Palais, dem spätklassizistischen Gebäude der exzellent sortierten Staatlichen Kunstsammlungen und dem neobarocken Staatstheater gruppieren sich einige sehenswerte Gebäude um den Platz, der einst als der Küchengarten der Schlossanlage genutzt wurde. Auch in der quer zur Schlossstraße in Richtung Markt führenden Puschkinstraße sind mit dem Neustädtischen oder dem Brandenburgischen Palais mehrere Adelssitze aus dem 18. Jahrhundert erhalten.
Bürgerhäuser rahmen den Platz Am Markt ein. Er markiert das Zentrum der Altstadt mit dem Altstädtischen Rathaus und seiner Schaufassade im Stil der englischen Tudorgotik, mit dem steinernen Löwen als Symbol der Welfenherrschaft und dem strahlend weißen Neuen Gebäude der früheren Markthalle mit 14 dorischen Säulen.
Gleich dahinter ragt der exakt 117,5 Meter hohe Turm des Doms St. Marien und St. Johannis in den Schweriner Himmel. Die einzige Kathedrale Mecklenburg-Vorpommerns ist – kein Zufall! – damit genau einen halben Meter höher als die Rostocker Petrikirche.
Der zwischen 1280 und 1420 erbaute Dom zu Schwerin gilt als Paradebeispiel für die norddeutsche Backsteingotik. Als größte Schätze im Inneren der dreischiffigen Basilika gelten der gotische Flügelaltar und das Triumphkreuz von 1420, das einst die Wismarer Marienkirche zierte. Der bronzene Taufkessel aus dem späten 14. Jahrhundert, die restaurierte Orgel sowie die an der nördlichen Querhauswand aufgestellten mittelalterlichen Doppelgrabplatten, die ebenfalls aus dem 14. Jahrhundert datieren, komplettieren die Sehenswürdigkeiten der evangelischen Bischofskirche.

TOP ★ ERLEBNISSE

★ NEUE ARKADEN

Der Schlossgarten von Schwerin gilt als eine der schönsten Barockanlagen Norddeutschlands, an dem große Landschaftsarchitekten mitwirkten – das moderne Entrée bilden die 36 Kolonnaden von 2009, gebaut für die Bundesgartenschau. Eine sportliche Annäherung an Schloss und Gärten gelingt Wanderern über die 20 Kilometer lange Strecke entlang des Schweriner Außen- und Innensees ab Bad Kleinen.

★ NEUE GALERIE

Im Jahr 2016 hat das Staatliche Museum mit der Galerie Alter und Neuer Meister architektonischen Zuwachs bekommen: Ein Betonkubus mit großen Glasflächen zum See präsentiert nun einen Teil der Sammlung, etwa von figürlicher Kunst aus der DDR. Eine gläserne Brücke verbindet den Neubau mit dem historischen Gebäude.

★ NEUE SYNAGOGE

Als die Bauarbeiten der neuen Synagoge für die Jüdische Gemeinde begannen, entdeckte man die Fundamente des abgerissenen Altbaus – die Architekten Joachim und Matthias Brennicke integrierten das Vorhandene in den schlichten Neubau von 2008.

Weitere Informationen
www.schwerin.de,
www.museum-schwerin.de,
www.juden-in-mecklenburg.de

Der breite Strand von Warnemünde gehört zu den beliebtesten Sommerfrischen in Deutschland (oben). Von der Warnow schweift der Blick über wiedererstandene Gebäude der Altstadt bis zur Marienkirche (rechts).

9 HANSESTADT MIT EIGENEM SEEBAD – ROSTOCK

Reich an Vergangenheit

Die größte Stadt an der Mecklenburgischen Ostseeküste blickt auf eine 800-jährige Geschichte zurück. Trotz großer Zerstörungen während des Zweiten Weltkrieges ist in der Innenstadt noch einiges vom einstigen Reichtum der Hansestadt bewahrt. Zu den Standortvorteilen des Handelshafens kommt das Seebad Warnemünde, das seit dem Mittelalter zu Rostock gehört.

Um 1218 gründeten deutsche Kaufleute am alten slawischen Warnow-Übergang die Siedlung Rostock auf dem Hügel des heutigen Alten Marktes. Die Lage war gut gewählt: Die Stadt kontrollierte bald das gesamte Mündungsgebiet des Flusses. Handel, Handwerk, Schiffbau und Schifffahrt erlebten einen Aufschwung, Rostock schloss sich dem Städtebund der Hanse an und investierte in repräsentative Bauten. Die Universitätsgründung 1419 machte Rostock zur ersten Wissenschaftsstadt an der Ostseeküste.

Doch der Dreißigjährige Krieg und die Kontinentalsperre der napoleonischen Epoche Anfang des 19. Jahrhunderts schädigten Handel und Wohlstand nachhaltig. Auch später konnte die Stadt mit der Hamburger und Stettiner Konkurrenz nicht recht mithalten. Nach dem Zweiten Weltkrieg wurde das stark zerstörte Rostock als Überseehafen und Werftstandort der DDR ausgebaut. In dieser Zeit entstanden auch die Plattenbausiedlungen zwischen Rostock und Warnemünde. Neben erheblichen Wirtschaftsproblemen stellte die Abwanderung das größte Problem der Nachwendezeit dar: Nahezu ein Fünftel der Bevölkerung verließ Rostock. Der Trend ist inzwischen gestoppt und auch die wirtschaftliche Entwicklung mit Schiffbau, den Fähr- und Handelsverbindungen nach Skandinavien und dem Aufschwung im Tourismus nimmt wieder einen positiven Verlauf.

Der Universitätsplatz in Rostock lädt zum Müßiggang ein (oben). Der »Teepott« und der Leuchtturm auf der Promenade sind die Wahrzeichen Warnemündes (unten). Das Münster von Bad Doberan ist ein Juwel der Backsteingotik (rechts oben). In Heiligendamm laden Strandkörbe und Meeresrauschen zum Entspannen ein (rechts unten).

Säule mit Hintersinn

Der Neue Markt liegt im Zentrum der Altstadt, flankiert vom 700 Jahre alten Backsteingotik-Rathaus. Von der ursprünglichen Fassade ragen noch sieben zierliche Türmchen über der rosa gestrichenen barocken Fassade auf, die der Rat der Stadt 1727 vor die alte Front setzen ließ. Die frühere monumentale gotische Schauwand aus glasierten farbigen Ziegeln hatte 1718 durch ein Unwetter stark gelitten. Einen Säulenfuß der Rathausarkaden schmückt eine bronzene Schlangenplastik. Zu ihr gibt es viele Interpretationen: Der Hinweis auf die Schlange mag einst Gesellen als Beweis gedient haben, auf ihrer Wanderschaft tatsächlich in Rostock gewesen zu sein. Andere sehen in ihrer Doppelzüngigkeit ein Symbol für die Gepflogenheiten im Rathaus.

Die Marienkirche stößt mit ihrem Chor an den Marktplatz. An dem prächtigen Gotteshaus wurde von 1260 an fast 200 Jahre gebaut. Die dreischiffige Basilika krönt ein gut 86 Meter hoher Turm. Der Innenraum ist reich ausgestattet, wie es der Hauptkirche einer wohlhabenden Handelsstadt ansteht, auch wenn viele Kunstwerke aus vorreformatorischer Zeit dem protestantischen Bildersturm zum Opfer fielen. Hinter dem Hochaltar steht die elf Meter hohe astronomische Uhr aus dem 14. Jahrhundert. Mittags um 12 Uhr bietet sie eine Prozession von Aposteln und Evangelisten, die am segnenden Jesus vorüberziehen.

Im Mittelalter umgab die Stadt eine Mauer, die im Norden an die Warnow grenzte und im Süden mit einem Wallgraben verstärkt war. Teile der Stadtmauer und fünf der 22 Stadttore haben die Zeit überdauert, so das Kuhtor aus dem 13. Jahrhundert und das Steintor im Südosten sowie das fünfgeschossige Kröpeliner Tor am Ende der Einkaufsmeile Kröpeliner Straße.

Die Petrikirche im Nordosten steht im ältesten Stadtquartier. Ihr Chor grenzt fast an die Überreste der Stadtmauer. Die Aussichtsplattform in 45 Meter Höhe bietet einen exzellenten Blick auf die Stadt. Die Petrikirche ist die älteste und höchste Kirche Rostocks, ihr Turm ragte einst 127 Meter auf. Als ihn 1543 ein Blitzschlag traf, hielten das die Rostocker Katholiken für einen Fingerzeig des Himmels und bauten den Turm nur noch 117 Meter hoch wieder auf.

Die Kröpeliner Straße, eine Fußgängerzone, durchquert die Altstadt vom Neuen Markt bis zum Kröpeliner Tor. Auf dem hübschen Universitätsplatz sind rund um den 1978 erbauten »Brunnen der Lebensfreude« immer einige der gut 15 000 Studenten anzutreffen. Gleich hinter

dem 1870 im Stil der mecklenburgischen Renaissance errichteten Uni-Hauptgebäude versteckt sich das frühere Zisterzienserkloster Zum Heiligen Kreuz, heute ein sehenswertes kulturhistorisches Museum.
Auch das Schiffbau- und Schifffahrtsmuseum beim IGA-Park auf dem Weg von Rostock nach Warnemünde ist einen Besuch wert. Das »Traditionsschiff Typ Frieden«, ein 157 Meter langes 10 000-Tonnen-Handelsschiff der DDR, birgt eine Ausstellung zu Schiffbau und Schifffahrt an der mecklenburgischen Ostseeküste.

Ein kluger Kauf

Weise Rostocker Ratsherren kauften dem Mecklenburger Fürsten 1323 das Fischerdorf Warnemünde ab. Ihr Ziel war ein gesicherter Zugang für Handelsschiffe von Rostock zur Ostsee. So verfügt Rostock heute über ein eigenes Seebad mit einem breiten Strand und einer Seepromenade entlang einer Parade von Hotels und Pensionen. Der nostalgische Leuchtturm von 1898 an der Hafeneinfahrt dient auch heute noch als Leuchtfeuer für Schiffe. Wer einen Obolus entrichtet und die Stufen des knapp 37 Meter hohen Turms besteigt, wird mit einem Rundblick über Warnemünde belohnt. Meist hat auch ein Kreuzfahrtriese beim Warnemünde Cruise Center am Alten Strom festgemacht. Dort stehen noch viele hölzerne Giebelhäuser; in einigen haben sich Restaurants und kleine Hotels einquartiert.

Warnemünder Woche und Hanse Sail Rostock

Anfang Juli ist Warnemünde das Ziel von 2000 Seglern aus aller Welt. Bis zu 650 000 Zuschauer verfolgen die Regatten in mehr als 20 Bootsklassen und die spektakulären Wettkämpfe der Kitesurfer. Zum Begleitprogramm gehören Live-Konzerte, z. B. auf einer schwimmenden Bühne im Alten Strom, Drachenboot- und Waschzuberrennen sowie Strandpartys.
Zur Hanse Sail Rostock am zweiten Augustwochenende steht die Stadt kopf. Vor einer Million Zuschauer versammelt sich in Rostock und Warnemünde eine Flotte von rund 200 Traditionsseglern aus aller Welt, vom holländischen Plattbodenschiff bis zum stolzen Viermaster. Schützengesellschaften aus ganz Deutschland kommen zum »Kanoniers- und Böllertreffen« am Gehlsdorfer Strand in historischen Kostümen zusammen.

TOP ★ ERLEBNISSE

★ KÜSTENWANDERUNG

Daten und Name beeindrucken: Über 4500 Kilometer erstreckt sich der »Internationale Küstenweg Atlantik-Ostsee«. Selten bleibt er dabei so dicht am Wasser wie auf den 20 Kilometern zwischen Warnemünde und Kühlungsborn. In Richtung Osten markiert der Rhododendronpark von Graal-Müritz ein schönes Wanderziel in 15 Kilometer Entfernung. Den Rückweg nach Warnemünde übernimmt das Schiff.

★ TIERREVIERE

Der Zoo Rostock, 2015 ausgezeichnet als bester seiner Größe, hat expandiert: Das Darwineum thematisiert die biologische Vielfalt des Lebens und seine Entwicklung anhand von über 80 Arten. Das 2018 eröffnete Polarium beherbergt mehrere Dutzend Humboldtpinguine und einige Eisbären.

★ SOMMERZIEL

Die Mecklenburger Herzöge errichteten ihre Sommerresidenz in Doberan, das Volk zog nach und der Ortsteil Heiligendamm nahm 1793 als erstes Seebad an der Ostsee den Betrieb auf. Zu den Attraktionen des heutigen Heilbads gehören die gotische Klosterkirche, die seit 1810 stattfindenden Galopprennen und der Dampfzug »Molli«.

Weitere Informationen
www.rostock.de,
www.bad-doberan.de,
www.warnemuende.m-vp.de,
www.zoo-rostock.de

Der »Rasende Roland« zuckelt auf Rügen durch die Rapsfelder (oben). Der Kreidefelsen im Nationalpark Jasmund ist ein Wahrzeichen der Ostseeinsel (rechts).

10 EIN BILD VON EINER INSEL – RÜGEN

Lieblingsort von Künstlern und Urlaubern

Die größte und sonnigste deutsche Insel ist auch die beliebteste: Zu den knapp 80000 Einwohnern auf Rügen gesellen sich jährlich stattliche 1,3 Millionen Urlauber, die vor allem in den Sommermonaten die Ostseeinsel bevölkern. Sandige Buchten, steile Kreidefelsen, Buchenwälder und muntere Orte machen den Reiz der tief von Bodden und Buchten zerklüfteten Insel aus.

Für die Schönheit der Insel waren offenbar schon Steinzeitmenschen empfänglich: Davon zeugen mehrere bis zu 5000 Jahre alte Hünengräber bei Lancken-Granitz auf halbem Wege von Putbus nach Göhren. Zwischen dem 8. und dem 12. Jahrhundert siedelten hier Slawen: An den slawischen Volksstamm der Ranen erinnern Überreste von Ringwällen, mit denen sie ihre Behausungen schützten. Später kamen die Dänen, dann die Schweden. Nach dem Wiener Kongress fiel Rügen mit Neupommern 1815 an Preußen.

Auch die Nationalsozialisten fanden Gefallen an der Ferieninsel Rügen: Sie hinterließen mit dem gigantischen Betonriegel von Prora eine Bausünde, die kaum sinnvoll verändert oder aber abgerissen werden kann. Ein wesentlich schöneres Erbe sind die wunderbaren Alleen, die Rügen mit einer Gesamtlänge von 300 Kilometern durchziehen.

Vielfältige Landschaften

Zahlreiche Wanderstrecken überziehen Rügen: ein markiertes Wegenetz im Nationalpark Jasmund im Nordosten mit seinem Kontrastprogramm von weißen Kreidefelsen, grünem Buchenwald und blauem Meer oder Pfade durch Eichen- und Lindenwälder rund um den Rugard. Die zentrale Erhebung Rügens bringt es auf 91 Meter über N.N. Der Ernst-Moritz-Arndt-Turm auf der Kuppe erhöht den Rugard-Blickpunkt um gut 25 Meter. Auf der westlich von Rügen gelegenen Insel Ummanz sind Routen ausgeschildert,

Im Kurhaus Binz residiert heute ein Grandhotel (rechts oben). Der Leuchtturm am Kap Arkona ist schon seit über 100 Jahren ein Baudenkmal. Seitdem blitzt es aus dem Turm daneben auf die Ostsee (oben). Blühende Landschaften auf Hiddensee (unten). Ulrich Müthers Musikpavillon in Sassnitz (rechts unten).

die zu den besten Beobachtungsplätzen von Kranichen weisen.

Steilufer wie bei Arkona, Stubbenkammer oder Göhren zeugen von der gewaltigen erodierenden Kraft des Meeres, das an anderer Stelle, etwa beim Buger Haken im Westen der Halbinsel Wittlow, Sand anträgt. Die stark zergliederte Küste misst insgesamt 570 Kilometer. Im Süden und Westen dominiert eine leicht gewellte Ebene, im hügeligen Nord- und Ostteil ragt der Piekberg 161 Meter hoch auf.

Rügens reizende Seebäder

Der »Rasende Roland«, eine dampfbetriebene Schmalspureisenbahn, schnauft seit 1895 zwischen Putbus, Binz, Sellin, Baabe und Göhren. Putbus hat seinen Namen von Wilhelm Malte I. zu Putbus. Der Fürst ließ seinen Residenzort 1810 in weißer klassizistischer Bäderarchitektur ausbauen und verhalf dem Ort damit zum Beinamen »Weiße Stadt am Meer«. Das Schloss existiert nicht mehr, aber der Ortskern um die Orangerie, den Marstall, in dem heute ein Theater residiert, und das Rathaus am Marktplatz lässt die vergangene Pracht erahnen.

Binz ist Rügens bekanntestes Seebad und verfügt über eine vier Kilometer lange Strandpromenade, eine kleine Kunst- und Galerieszene und diverse Hotels. Das elegante Kurhaus ähnelt einem Adelspalais. Von der 370 Meter langen Seebrücke kann man auf die Ostsee schauen oder im Sommer Bootsausflüge zur Kreideküste unternehmen.

Das Jagdschloss Granitz südlich von Binz gehört zu den viel besuchten Ausflugszielen auf Rügen. Fürst Wilhelm Malte I. zu Putbus hatte sich hier 1836 ein Jagdschloss mit vier Ecktürmen und einem Mittelturm errichten lassen. Der aufwendig restaurierte Bau war bis 1944 in Privatbesitz und ist heute ein Museum.

Weiter südlich streckt sich eine bewaldete Halbinsel in die Ostsee. Das frühere Fischerdorf Göhren hatte sich schon im 19. Jahrhundert zu einem eleganten Seebad gemausert. Weiße Ferienpensionen, eine 270 Meter lange Seebrücke und schöne Strände sind die werbeträchtigen Argumente des Badeortes. Vor Göhren liegt Deutschlands größter Findling im Meer.

Größenwahn aus Stein

Prora liegt nördlich von Binz. Das halbfertige Seebad wurde zwischen 1935 und 1939 gebaut: eine 4,5 Kilometer lange fünfstöckige Häuserblockreihe, die bis zu 20000 »Kraft durch Freude«-Urlauber gleichzeitig aufnehmen sollte. Das gigantomanische Projekt der Nationalsozialis-

ten steht seit dem Kriegsende als Fremdkörper in der Landschaft und verfällt langsam vor sich hin, inzwischen werden kleinere Abschnitte des denkmalgeschützten Monstrums zu Wohn- und Hotelanlagen umgestaltet. Am südlichen Rand informiert das Dokumentationszentrum über den Mammutbau.

Die Natur steht im Mittelpunkt des neuen Erlebniszentrums nahe dem Kleinen Jasmunder Bodden, einer Lagune der Ostsee: Das »Naturerbe-Zentrum Rügen« mit Baumwipfelpfad und 40 Meter hoher Aussichtsplattform informiert über die Ökosysteme Rügens – Wald, Offenland und Feuchtgebiete.

Nicht weit entfernt, im heute kleinen Ralswiek, befand sich im Mittelalter ein wichtiger Hafen mit Handelsbeziehungen zu verschiedenen anderen Städten. Seit 1993 ziehen die jährlichen »Störtebeker Festspiele« viele Tausend Zuschauer zur Naturbühne des Ortes.

Sassnitz war früher ein wichtiger Fährhafen. Die Personen- und Autofähren sowie die Frachtstrecken nach Skandinavien, Litauen und Russland werden inzwischen über moderne Anlagen in Neu Mukran abgewickelt. Der nette Fischereihafen ist Sassnitz geblieben, das mit dem Fischerei- und Hafenmuseum sowie einem U-Boot-Museum der Seefahrt verbunden bleibt. Zudem gilt der Ort als Ausgangspunkt für Ausflüge in den Nationalpark Jasmund und das Nationalparkzentrum Königsstuhl. Die alten Buchenwälder gehören seit 2011 zum UNESCO-Weltnaturerbe. Ein Hochuferweg führt elf Kilometer an der Kliffkante entlang bis zum Königsstuhl, dem bekanntesten der leuchtend weißen Kreidefelsen. Die markante Klippe ist durch das Bild »Kreidefelsen auf Rügen« von Caspar David Friedrich zu Weltruhm gelangt.

Kap Arkona hat zwei Leuchttürme. Der eine wurde 1826 nach Plänen des preußischen Baumeisters Karl Friedrich Schinkel (1781 bis 1841) viereckig und aus Backstein errichtet, er dient heute als Museum. Der andere sendet seit 1905 seine Lichtblitze aus. Die 45 Meter hohe Steilküste aus Geschiebemergel und Kreide des Kaps ganz im Norden gehört zu den beliebtesten Ausflugszielen. Hinter den Türmen erinnern die Überreste der Jaromarsburg, einer Tempelanlage, an die Ranen, die vor gut 1000 Jahren auf Rügen siedelten.

TOP ★ ERLEBNISSE

★ RESTAURIERTE MODERNE

Ulrich Müther kam 1934 in Binz zur Welt und starb dort 73 Jahre später – kein anderer moderner Architekt hinterließ ähnlich markante Spuren auf der Insel. Über Jahre waren seine Schalenbetonbauwerke vom Verfall bedroht, einerseits aus bauphysikalischen Gründen, andererseits weil ihnen Seeluft und Sand zusetzte. 2018 wurden zwei Müther-Schöpfungen saniert: der Rettungsturm der Strandwache von 1981 und der Musikpavillon Kurmuschel in Sassnitz (1986–88).

★ SCHEUE SCHÖNHEIT

Hiddensee liegt schmal und lang neben Rügen in der Ostsee – schon immer abgeschieden und ruhig. Nur Kutschen und Fahrräder fahren über die flache Insel mit ihren schönen Sandstränden an der Westseite und den weiten Dünenheideflächen. Vor rund 100 Jahren erlebte die Insel einen kurzen Hype, als sich viele Künstler hier (zeitweilig) niederließen: von Gerhart Hauptmann über Erich Kästner, Hans Fallada und Bertolt Brecht bis zum Stummfilmstar Asta Nielsen.

Weitere Informationen
www.ruegen.de,
www.seebad-hiddensee.de,
www.wuestenrot-stiftung.de

Die Mecklenburgische Seenplatte mit der riesigen Müritz ist nicht nur ein Paradies für sanften Wassersport, sie gehört auch zu den größten Naturschutzgebieten Deutschlands (oben). Frühaufsteher können einen ungestörten Ausblick auf scheinbar unendliche Weiten genießen (rechts).

11 SEE AN SEE – DER MÜRITZ-NATIONALPARK

Natürlicher Reichtum

Weite Felder und Wälder säumen die Ufer der Müritz. Mit 117 Quadratmeter Fläche gilt sie als größter Binnensee auf deutschem Gebiet. Zusammen mit Hunderten weiteren Gewässern bildet sie die Mecklenburgische Seenplatte, das »Land der 1000 Seen«.

Morcze, »kleines Meer«, nannten slawische Siedler schon vor rund 1000 Jahren die amphibische Landschaft der Müritz mit ihren reichen Fischgründen. Von ihrem östlichen Ufer breiten sich weite Laub- und Nadelwälder, Wiesen, Moore, Feuchtgebiete sowie glitzernde Seen aus. Zusammen mit dem Teilgebiet Serrahn summiert sich die Gesamtfläche der Naturschutzzone auf 322 Quadratkilometer. Allein 800 verschiedene Schmetterlinge flattern im Sommer durch die Lüfte.

Tierbeobachtung im Nationalpark

Zwischen September und November lassen sich bis zu 10 000 Kraniche auf ihrem Zug gen Süden am Rederangsee südlich von Waren nieder. Auf geführten Wanderungen können Besucher die Tiere in der Dämmerung beobachten. Im Aquarium des Müritzeums in Waren sieht man Muränen und alle anderen wichtigen Fischarten der Mecklenburgischen Seen durchs Wasser huschen. Das multimediale Besucherzentrum präsentiert die Natur der Seenplatte und ihres Nationalparks als spannende Erlebnisreise.

Adler-Perspektiven

Der Müritz-Nationalpark ist das Revier für See- und Fischadler. Seeadler sind sesshaft, sie bleiben das ganze Jahr. Bis zu 15 Paare brüten in zwei Meter großen Nestern hoch in den Bäumen. Fischadler sind als Zugvögel auf der Durchreise, nutzen aber im Sommer den Park zur Brut und Aufzucht. Vogelbeobachter reisen aus ganz Europa an.

INFO: www.mueritz-nationalpark.de

DER NORDOSTEN

Hauptstadtflair und Felsenmeer

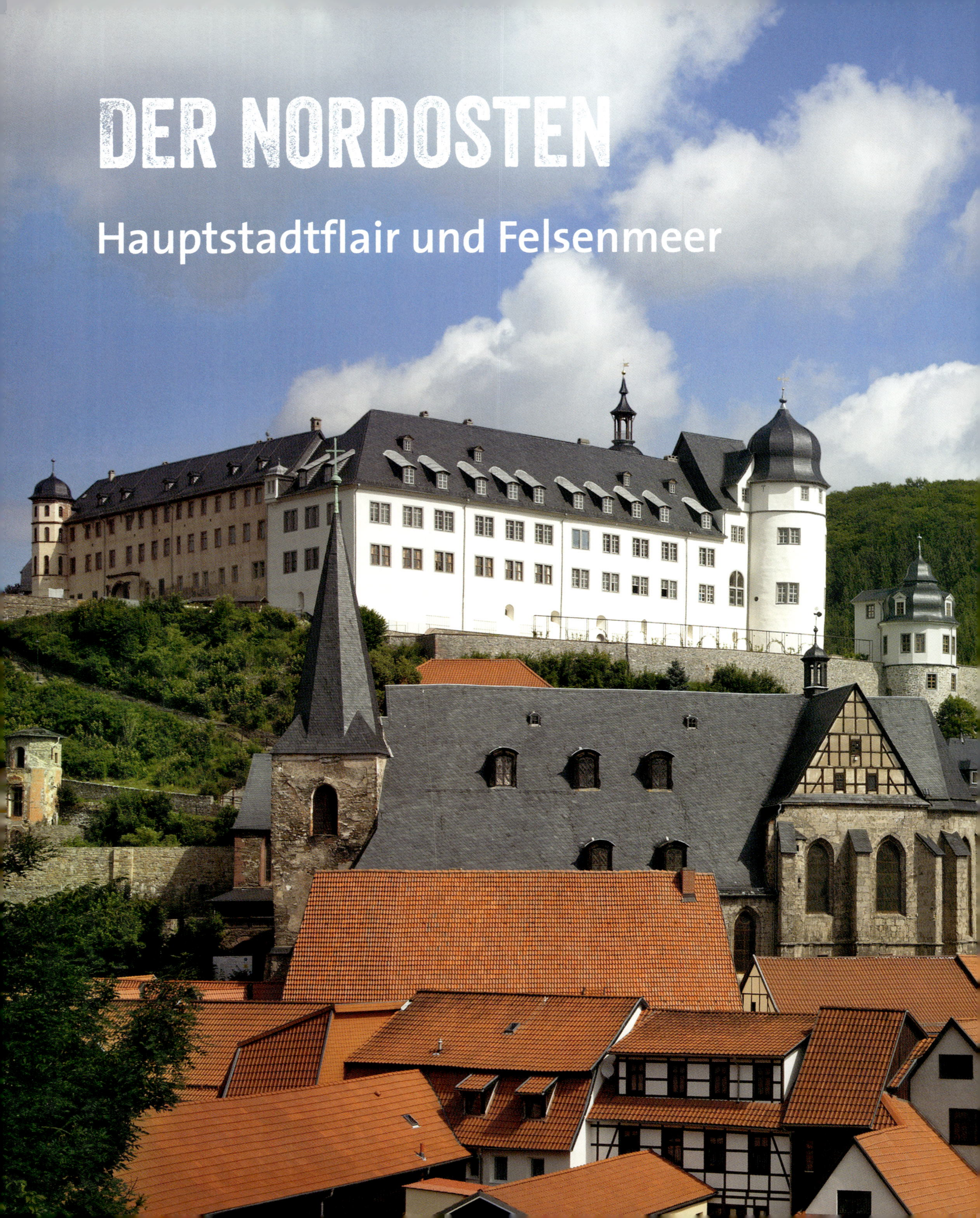

In Dresden wird viel Kultur geboten, etwa in der früheren Zigarettenfabrik Yenidze (oben), und auch Leipzig prunkt mit historischen Monumenten wie dem wuchtigen Völkerschlachtdenkmal (unten). Blick über die Dächer auf das Schloss im mittelalterlichen Stolberg im Harz (links).

Ein Stelenfeld gedenkt der Millionen Opfer des Holocaust (oben). Das Sony Center steht in Berlin-Mitte (rechts oben). Am schönsten zeigt sich die Museumsinsel – hier das Bode-Museum – bei einer Bootsfahrt auf der Spree (rechts unten).

12 DU BIST SO WUNDERBAR – BERLIN

Weltbühne Berlin

Berlin ist »in«. Die deutsche Hauptstadt, als Machtzentrale des Deutschen Reiches und als geteilte Stadt kritisch betrachtet, gehört heute weltweit zu den Städten mit dem höchsten Sympathiefaktor. Dynamische Entwicklung, spannende Architektur, ein reiches kulturelles Erbe, eine avantgardistische Kulturszene und Spitzengastronomie: Berlin ist aufregend.

Am Beginn standen die Dörfer Cölln und Berlin, die sich 1307 ein Rathaus teilten. Über 700 Jahre später ist aus den bescheidenen Anfängen eine Metropole mit knapp 3,6 Millionen Einwohnern in den Stadtgrenzen und sechs Millionen Menschen in der Metropolregion geworden. Eine Weltstadt mit repräsentativer und experimenteller Architektur, in der es altägyptische neben Avantgardekunst gibt, die Berliner Philharmoniker neben experimenteller Musik, internationale Festspiele neben Kiez-Events. Eine europäische Großstadt, in der vor 75 Jahren antisemitischer Terror herrschte und heute Weltoffenheit regiert, mit einer Gedenkstätte Berliner Mauer an der Bernauer Straße und einer Graffiti-Galerie auf dem längsten erhaltenen Mauerstück in der Mühlenstraße.

Nach dem 1999 umgesetzten Beschluss des Bundestages, Regierung und Parlament nach Berlin zu verlegen, hat sich Berlin von einer »Frontstadt« an der Schnittstelle zweier konträrer Gesellschaftssysteme zu einer aufregenden Mischung von Kulturen entwickelt.

Die neue Mitte

Nach der Vereinigung von Ost- und Westberlin hat die Stadt ihre alte Mitte neu gefunden. Das Regierungsviertel mit Ministerien, dem Kanzleramt, dem Bundestag im früheren Reichstagsgebäude und vielen Botschaften gruppiert sich um das Brandenburger Tor. Gleich dahinter mahnt das Holocaust-Mahnmal, ein begehbares Stelenfeld von Peter Eisenman, an die Verbrechen des Nazi-Staates.

CineStar
IMAX

Der Dinosauriersaal im Museum für Naturkunde ist den Giganten vorbehalten.

Das Brandenburger Tor, 1791 als Abschluss der Prachtallee Unter den Linden im griechischen Stil mit Quadriga und Siegesgöttin errichtet, hat preußische Militärparaden, Aufmärsche von SA-Kolonnen und den Bombenregen des Zweiten Weltkrieges erlebt. In der Nachkriegszeit markierte es die Grenze zwischen den Weltanschauungen. Heute können Spaziergänger wieder durch das Brandenburger Tor flanieren. Dahinter öffnet sich der Pariser Platz, den die US-Botschaft und ein Nachbau des legendären Hotels »Adlon« säumen. Vor dem Reichstagsgebäude auf der anderen Seite des Tors wartet meist eine lange Schlange von Besuchern, die den Sitz des Deutschen Bundestages mit seiner transparenten und begehbaren Kuppel besichtigen wollen. Das monumentale moderne Kanzleramt, auch als »Angies Waschmaschine« bespöttelt, liegt in Sichtweite des Parlaments am Spreebogenpark. Nördlich davon spiegelt sich die Sonne in den Glasfronten des 2006 eröffneten Hauptbahnhofs, in dem die Züge der Fernbahnen und des Nahverkehrs auf unterschiedlichen Ebenen einlaufen.

Viele halten den Gendarmenmarkt im Stadtviertel Friedrichstadt für einen der schönsten Plätze Berlins. Ihn rahmen das Konzerthaus, ein Schinkelbau, und die beiden nahezu identischen Kirchen des Deutschen und des Französischen Doms ein, die 1785 noch ohne die hohen Kuppeltürme eröffnet wurden.
Die Friedrichstraße macht mit der Galerie Lafayette und anderen Konsumtempeln ihrem einstigen Ruf als elegant-luxuriöse Einkaufsmeile wieder alle Ehre. Der S-Bahnhof Friedrichstraße war zu DDR-Zeiten Übergangsstelle zum Westen. Heute spielt am gegenüberliegenden Spreeufer das Berliner Ensemble im früheren Brecht-Theater am Schiffbauerdamm. Im Süden erinnert der alliierte Grenzübertritt Checkpoint Charlie an die Zeit, als eine Mauer die Stadt teilte. Das Jüdische Museum dokumentiert in einem beeindruckenden und bedrückenden Bau von Daniel Libeskind die Geschichte des Judentums in Deutschland, seinen kulturellen Reichtum und die fast komplette Vernichtung jüdischer Mitbürger.

Der Prachtboulevard Unter den Linden zieht sich vom Brandenburger Tor bis zur Spreeinsel, flankiert von Staatsbibliothek, Humboldt-Universität und dem Reiterdenkmal Friedrichs II., vom Bebelplatz, von Deutscher Staatsoper und Kronprinzenpalais sowie der Neuen Wache, die seit 1990 als Mahnmal für die Opfer von Krieg und Gewaltherrschaft dient. Das zum Deutschen Historischen Museum umgestaltete Zeughaus schließt sich an, es ist das älteste erhaltene Gebäude Unter den Linden.

Die Schatzinsel

Die Museumsinsel, seit 1999 UNESCO-Welterbe, zeigt Schätze aus mehreren Jahrtausenden im Pergamonmuseum, Bodemuseum, in der James-Simon-Galerie, der Alten Nationalgalerie, dem Neuen und Alten Museum. Der grandiose Figurenfries des Pergamonaltars und die Büste der schönen ägyptischen Königin Nofretete im Neuen Museum sind die unbestrittenen Besuchermagneten.

Noch auf der Spreeinsel entfaltet der 1894 im Stil der italienischen Hochrenaissance errichtete Berliner Dom seine Pracht. In dem 116 Meter hohen protestantischen Gotteshaus liegen Mitglieder der Hohenzollernfamilie bestattet. Auf dem Schlossplatz jenseits der Spreebrücke standen bis zur Sprengung 1950 die Überreste des Stadtschlosses der Hohenzollern. In den 1970er-Jahren ließ die DDR-Führung hier den »Palast der Republik« als Sitz der Volkskammer errichten. Der asbestverseuchte Betonquader wurde nach der Wende abgewickelt, nun entsteht hier ein Humboldt-Forum in der Optik des früheren Schlosses.

Das Nikolaiviertel mit der gleichnamigen Kirche von 1230 gehört zum Ältesten, was Berlin zu bieten hat. Einige Gebäude sind nach historischen Vorbildern restauriert, andere mit modernen Materialien leicht als Kopie zu erkennen. Der wegen seiner Backsteinfassade Rotes Rathaus genannte Sitz des Senats und des Regierenden Bürgermeisters von Berlin ist seit rund 150 Jahren die Zentrale der Berliner Stadtverwaltung. Während der Teilung der Stadt tagte der Westberliner Senat im Rathaus von Schöneberg. Der Grundstein für die frei stehende Marienkirche vis-à-vis wurde 1270 gelegt. Sehenswert ist dort ein verblasstes Totentanzfresko aus dem 15. Jahrhundert.

Hinter der Kirche ragt der 1969 eingeweihte, 368 Meter hohe Fernsehturm in den Himmel. Hinaufbefördert in 38 Sekunden, kann man im Drehcafé Kaffee und Kuchen mit Panoramablick aus 200 Meter Höhe genießen.

**Die »Molecule Men« aus Aluminium dekorieren in Friedrichshain die Spree bei der Oberbaumbrücke (oben).
Der Berliner Dom wird von einer prachtvollen Kuppel bekrönt (unten).**

Der Nordosten

»Victoria« grüßt von der 69 Meter hohen Siegessäule (oben). Das Mauerstück »East Side Gallery« gehört zu Berlins neuen Ikonen (unten). Glaskuppel und Dachterrasse des Reichstagsgebäudes können (nach Anmeldung) besucht werden (rechts). Farbenfroh zeigt sich die Gartenstadt (rechts unten).

Die Weltzeituhr auf dem Alexanderplatz war schon zu DDR-Zeiten ein beliebter Treffpunkt. Hier endet die 125 Meter breite Karl-Marx-Allee, seinerzeit beliebt für Militär- und andere Paraden. Ohnehin ist der große Platz ein Kreuzungspunkt der Verkehrswege, den 120 000 umsteigende S-, U- und Straßenbahnpassagiere täglich nutzen. Ein Hotelhochhaus und Einkaufszentren sowie das »Haus des Lehrers«, heute Teil des Berliner Congress Center und erkennbar an seinem Wandfries, säumen »den Alex«.

Bewegte Vergangenheit und glitzernde Gegenwart

Vom Hamburger Bahnhof schnauften Mitte des 19. Jahrhunderts die Züge in die Hansestadt. Heute sind in dem zu einem Museum für Gegenwart umgestalteten Bau unter anderem Werke von Joseph Beuys und Andy Warhol sowie Filme und Videokunst zu sehen. Zum Brechthaus in der Chausseestraße pilgern nach wie vor Theaterfreunde aus vielen Ländern. Hier hatten Helene Weigel und Bertolt Brecht ihre letzte gemeinsame Wohnung. Das Literaturforum im Haus organisiert Veranstaltungen zu literaturpolitischen Themen. Gleich nebenan, auf dem Dorotheenstädtischen Friedhof, haben die beiden ihre letzte Ruhestätte gefunden, neben vielen anderen Literaten, Theaterleuten und Geistesgrößen wie Georg W. F. Hegel, Hanns Eisler, Heinrich Mann, Heiner Müller, Anna Seghers und Christa Wolf.

In der Gedenkstätte Berliner Mauer an der Bernauer Straße erinnern ein erhaltener Mauerabschnitt, ein Aussichtsturm und das Dokumentationszentrum an die stark befestigte Grenze, die sich ab dem 13. August 1961 quer durch Berlin zog. An der geteilten Bernauer Straße scheiterten zahlreiche Fluchtversuche. Die Hackeschen Höfe, ein Ensemble von acht Hinterhöfen, steht bereits seit dem Jahr 1972 unter Denkmalschutz. Nach der Wende restauriert, haben sich die Höfe dank der Restaurants und Cafés, origineller Läden und einer Kleinkunstbühne zu einem Anziehungspunkt entwickelt.

Platz im Wandel

Das einst pulsierende Leben am Potsdamer Platz war mit der Teilung Berlins zum Erliegen gekommen, die Grenze verlief quer durch das neue Niemandsland. Inzwischen setzen das Sony Center und sein spektakuläres Glaszelt, die Shopping-Quartiere, Musical-Theater und das Museum für Film und Fernsehen neue architektonische Akzente. Das Kulturforum gleich hinter der außergewöhnlichen Konzerthalle der Philharmonie gehört

zu den landesweit wichtigsten Orten für Liebhaber bildender Kunst. In der Gemäldegalerie ist eine ausgezeichnete Sammlung von Werken spätmittelalterlicher Kunst bis zu Meistern des holländischen Goldenen Zeitalters zu sehen. Die benachbarte, von Mies van der Rohe entworfene Neue Nationalgalerie widmet sich Werken des 20. Jahrhunderts.

Im berüchtigten Bendlerblock dokumentiert die Gedenkstätte Deutscher Widerstand, wie sich Menschen gegen die Nazi-Diktatur gewehrt haben. Ein Ehrenmal erinnert im Innenhof an die dort hingerichteten Wehrmachtsoffiziere um den Widerstandskämpfer Oberst Graf Stauffenberg.

Der Tiergarten, früher Jagdrevier der preußischen Kurfürsten, ist schon lange öffentliche Grünanlage, durchzogen von der breiten Straße des 17. Juni, die im Kreisverkehr »Großer Stern« um die Siegessäule herumführt. Von der Aussichtsplattform unterhalb der »Jold-Else«, wie die »Victoria« im Volksmund heißt, überblickt man das grüne Areal des Tiergartens bis zum Brandenburger Tor.

Der Kurfürstendamm mit der Kaiser-Wilhelm-Gedächtniskirche und dem Europa Center war eines der wichtigen Zentren Westberlins bis zum Mauerfall. Noch immer lädt der Ku-Damm zum Flanieren, Shoppen oder auf einen Kaffee ins »Kranzler-Eck« ein.

Im Nordwesten Charlottenburgs liegt das gleichnamige Schloss, ein glanzvolles Barockensemble. Der im französischen Stil gestaltete Barockgarten wurde um einen englischen Landschaftsgarten erweitert. Im Belvedere erfreut eine grandiose Porzellansammlung alle Liebhaber edlen Geschirrs.

Auf der anderen Straßenseite gelangen Freunde der klassischen Moderne ans Ziel ihrer Träume. Der Kunstsammler Heinz Berggruen, der wegen seiner jüdischen Abstammung Deutschland 1936 verlassen musste, kehrte 60 Jahre später in seine alte Heimat zurück. Seine Sammlung von 200 Werken überragender Künstler konnte Berlin zu günstigen Konditionen erwerben. Sie ist im Museum Berggruen der Nationalgalerie ausgestellt.

TOP ★ ERLEBNISSE

★ IM WALD

Unter dem Namen »20 grüne Hauptwege« firmieren Wanderwege durch Berlin mit einer Gesamtlänge von 550 Kilometern. Einer der schönsten von ihnen, die Nr. 12, führt am Ostufer der Havel entlang von der Stößenseebrücke bis zum Strandbad Wannsee. Auf der 10-Kilometer-Strecke des Havelhöhenwegs liegen Sehenswürdigkeiten wie der Grunewaldturm.

★ IM KREIS

Die Berliner Mauer gibt es nur noch in Teilstücken – der 160 Kilometer lange Mauerweg zeichnet den gesamten Verlauf nach. Er folgt zumeist den Kontrollwegen der DDR-Grenzposten. Schilder und Gedenk-Stelen, zu Museen umfunktionierte Postentürme und Kunst bilden beim Fahrradfahren.

★ AUS DEM ELEND

Im heute vor Kraft strotzenden Berlin mag man es kaum glauben, wie prekär die Wohnsituation vor 100 Jahren war – neue Häuserblöcke mussten schnell her. In gerade 20 Jahren entstand Wohnraum für Zehntausende Menschen: die Gartenstadt Falkenau, die Hufeisensiedlung, die Wohnstadt Carl Legien, die Weiße Stadt, die Siedlung Schillerpark und die Großsiedlung Siemensstadt. Seit 2008 zählen sie zum Weltkulturerbe.

Weitere Informationen
www.visitberlin.de,
www.berlin.de,
www.bundestag.de/besuche

Auch Potsdam hat ein (kleines) Brandenburger Tor am Luisenplatz (unten). In Schloss Babelsberg wurde Geschichte geschrieben: 1862 ernannte Wilhelm I. dort Bismarck zum Ministerpräsidenten (rechts oben). Das Filmmuseum in der Breiten Straße präsentiert die Geschichte des deutschen Films (rechts unten).

13 STADT DER SCHLÖSSER – POTSDAM

Preußens Glanz und Gloria

Wie eine Insel von der Havel und ihren Seen umgeben, liegt Brandenburgs Hauptstadt südwestlich von Berlin. Die Schlösser und Gärten der Preußenkönige gehören seit 1990 zum Weltkulturerbe, insgesamt 150 Bauwerke in zusammen 500 Hektar großen Parks. Das Potsdamer Abkommen der Siegermächte des Zweiten Weltkriegs hat die Stadt überdies weltbekannt gemacht.

Der letzten Eiszeit hat Potsdam die Seenlandschaft des Havellaufs zu verdanken. Als die Gletscher vor etwa 20000 Jahren zurückgingen, ließen sie Moränenhügel und Senken zurück, die sich mit Wasser füllten. Das Stadtgebiet ist heute nur zu einem Viertel bebaut, der Rest besteht aus Seen und Wäldern. In dem mittelalterlichen Ort baute der preußische Kurfürst Friedrich Wilhelm ab 1660 eine Zweitresidenz. Sein Urenkel Friedrich II. (1712–1786), »der Große«, gestaltete nicht nur den Staat Preußen neu, sondern auch die Stadt Potsdam, in der er ab 1745 Schloss Sanssouci errichten ließ.

Genau 200 Jahre später beschlossen im Schloss Cecilienhof die Siegermächte des Zweiten Weltkriegs die Aufteilung Deutschlands in Besatzungszonen. Potsdam wurde in der DDR die Hauptstadt des gleichnamigen Bezirks und nach der Wiedervereinigung 1990 des Bundeslandes Brandenburg. Im selben Jahr wurden darüber hinaus Teile seiner einmaligen Schlösser- und Parklandschaft zum UNESCO-Weltkulturerbe erklärt.

Versailles des Nordens

Eine Sommerresidenz »ohne Sorgen«, »sans souci«, hatte Friedrich der Große im Sinn, als er

seinen Hofbaumeister Georg von Knobelsdorff (1699–1753) mit dem Bau des Rokokopalais über symmetrisch angelegten Weinterrassen beauftragte. Kurz danach entstanden die lang gestreckten Bauten der »Bildergalerie« und der »Neuen Kammern«, die das Sommerschloss flankieren.

Auch wenn Sanssouci als ein »Preußisches Versailles« bekannt wurde, diente es nicht zur Repräsentation der Macht, sondern war mit seinen zwölf Zimmern eine zwar kostspielige, aber fast private Wohnanlage. Erst unter Friedrich Wilhelm II. entstand 1769 das mit 200 Räumen viel größere Neue Palais. Der Ur-Großneffe von Friedrich dem Großen, Friedrich Wilhelm IV., dekorierte ab 1841 Schloss Sanssouci und seine Gärten mit Vasen, Wasserspielen, Skulpturen und Marmorbänken. Über Brandenburgs größte, 270 Hektar umfassende Parkanlage verteilen sich meist zauberhafte kleine Bauwerke, Römische Bäder, die Neptungrotte, eine Bockwindmühle und kleine Tempel. Seit 1991 liegt Friedrich II., wie er es verfügt hatte, in Sanssouci bestattet.

Neuer Geist in alten Mauern

Die unter dem »Soldatenkönig« Friedrich Wilhelm I. angelegte Garnisonssiedlung bildet ab 1713 den Kern der Altstadt. Das Brandenburger Tor, nach dem Konstantinbogen in Rom gestaltet, prunkt schon seit 1770 auf dem heutigen Luisenplatz. Die Neustadt mit Altem und Neuem Markt schließt sich nach Süden an. Dem Alten Markt geben das von einer goldenen Atlasfigur gekrönte Alte Rathaus von 1755 und die klassizistische St. Nikolaikirche mit ihrer mächtigen Kuppel das Gepräge. Das neue Gebäude des brandenburgischen Landtages, angelehnt an Grundriss und Fassade des früheren Stadtschlosses, wurde 2014 eingeweiht.

Kleine Läden, Werkstätten, Cafés und Restaurants erfreuen Besucher des Holländischen Viertels nordöstlich der Altstadt. Die in niederländischem Stil erbauten Häuschen sollten im 18. Jahrhundert holländische Handwerker nach Potsdam locken.

In der weitläufigen Parkanlage des Neuen Gartens am Ufer des Heiligen Sees ist neben dem Marmorpalais von 1787 und der dekorativen Orangerie vor allem das 1917 fertiggestellte Schloss Cecilienhof von Interesse. Weniger wegen der am englischen Tudorstil orientierten Architektur, sondern vielmehr, weil hier Anfang August 1945 der britische Premierminister Clement Attlee, US-Präsident Harry S. Truman und der sowjetische KPdSU-Generalsekretär Josef Stalin das Potsdamer Abkommen nach ihrem Sieg über Hitler-Deutschland besiegelten. Die historischen Konferenzräume können besichtigt werden.

TOP ★ ERLEBNISSE

★ PARKGROTTE

Zu einem Barockpark gehörten spielerische Elemente, das wusste auch Friedrich der Große und leistete sich 1757 im Östlichen Lustgarten von Schloss Sanssouci eine Neptungrotte. Nach Restaurierungsarbeiten wurde sie 2018 neu eröffnet. Den 290 Hektar großen Park kann man auf Wegen von 70 Kilometer Länge erkunden.

★ MUSEUMSSENSATION

In den ersten beiden Jahren seit seiner Eröffnung 2017 kamen mehr als eine Million Besucher ins Museum Barberini. Sie haben von den Impressionisten bis Gerhard Richter große Ausstellungen gesehen und die gelungene Rekonstruktion des herrschaftlichen Bürgerhauses von 1771/72, das mit Nikolaikirche und dem Alten Rathaus das Zentrum der Stadt markiert.

★ TRAUMFABRIK

Über 100 Jahre ist es her, dass in Babelsberg die Bilder laufen lernten, ab 1918 unter dem Namen UFA. Hier entstanden legendäre Streifen wie »Metropolis« oder »Die Spur der Steine« – letzterer unter Regie der DEFA-Studios, so der Atelier-Name zu DDR-Zeiten. Inzwischen heißt das weltweit älteste Filmstudio Medienstadt Babelsberg und bietet Führungen und Stuntshows an.

Weitere Informationen
www.potsdamtourismus.de,
www.museum-barberini.de,
www.filmpark-babelsberg.de

Nicht Straßen, sondern Wasserläufe durchziehen die Spreeniederung. Klar, dass auch die Besucher auf Kähnen durch die amphibische Landschaft manövriert werden.

14 VERZAUBERTE WASSERWELT – DER SPREEWALD

Heimat der Sorben

Hinter Cottbus bis zum Neuendorfer See erstreckt sich eine Auen- und Moorlandschaft mit kleinen, »Fließ« genannten Wasserläufen, Wäldern und Sandbänken. Im Spreewald leben die Sorben, eine slawische Minderheit mit eigener Kultur.

Diese zauberhafte Landschaft rund 100 Kilometer südöstlich von Berlin hat die Eiszeit geformt: Ein breiter Urstrom hinterließ eine Talsenke, in der sich die Spree weit verzweigte. Bis heute findet ein Teil des Verkehrs auf dem Wasser statt, Boote fahren durch den Auenwald der wasserreichen, sumpfigen Niederung. Die Fährleute »staken« die Spreewaldkähne vorbei an alten aufgeschütteten Schwemmsandinseln und zu idyllischen Waldgaststätten. Die bunten Trachten der Sorben gehören zu den beliebtesten Fotomotiven.

»Fließ«-Verkehr zum Spreewalddorf

Am Südwestrand des Oberspreewaldes ist Lübbenau ein perfekter Ausgangspunkt für Bootstouren. Besonders reizvoll ist die Fahrt zum Spreewalddorf Lehde und seinem Freilandmuseum aus alten Wohn- und Wirtschaftsgebäuden. Ein Gurkenmuseum verrät das Geheimnis des besonderen Geschmacks der Spreewälder Gurken. Die neueste Attraktion des verträumten Orts ist das Spreewelten-Bad, das die Schwimmer mit Pinguinen teilen. Auch das im Oval auf einer Insel gebaute Dörfchen Leipe gehört zu den Zielorten eines Kahnausflugs.

Lübben liegt gut zehn Kilometer weiter nördlich auf der Grenze zwischen Unter- und Oberspreewald. Die spätgotische Paul-Gerhardt-Kirche und das Schloss Lübben mit romanischem Wehrturm und Ostgiebel im Renaissancestil gehörten zu den Wahrzeichen des 14000-Einwohner-Ortes. Auf der Schlossinsel verbindet ein Landschaftsgarten mit Wegen, Labyrinth und Wasserspielplatz Natur und Freizeitkultur.

INFO: www.spreewald.de

15 STADT IM WANDEL – MAGDEBURG

Der Magdeburger Dom St. Mauritius und Katharina beherrscht die Silhouette der Stadt an der Elbe seit rund 800 Jahren.

Vielseitige Landeshauptstadt

Die Elbestadt auf halber Strecke zwischen Hamburg und Dresden ist gleichzeitig Handelsplatz, Gewerbestandort und kulturhistorisches Schwergewicht. Die vor gut 1200 Jahren gegründete heutige Hauptstadt von Sachsen-Anhalt erlebte im Mittelalter ihre erste Blüte.

Ottostadt nennt sich Magdeburg halb scherzhaft. Schließlich spielt der Name Otto hier eine wichtige Rolle: Kaiser Otto I. machte die Stadt im Mittelalter zu seiner Kaiserpfalz und der Physiker, Jurist, Erfinder und Bürgermeister Otto von Guericke (1602 bis 1686) vertrat sie bei den Friedensgesprächen zum Ende des Dreißigjährigen Krieges. Im Sommer erinnert das »Kaiser-Otto-Fest« an die Schlüsselrolle Magedeburgs bei der Eroberung der slawischen Regionen unter Kaiser Otto I. (912–973). Im 12. und 13. Jahrhundert erlebte die Hansestadt eine zweite Blüte. Meisterwerke der Bildhauerkunst wie der Magdeburger Reiter oder die Klugen und die törichten Jungfrauen entstanden. Im Dreißigjährigen Krieg versank die Stadt in Schutt und Asche und im Zweiten Weltkrieg zerstörte 1945 ein alliierter Bombenangriff die Altstadt zu 90 Prozent. Die stalinistischen Bauten und Plattenbausiedlungen der DDR-Zeit sind heute zum großen Teil durch moderne Bauten ersetzt.

Mit Kirche und Kegel

Der 1209 bis 1520 errichtete gotische Dom besitzt eine 104 Meter hohe Doppelturmfassade. Im Chor findet sich das Grab von Otto I. Heute istder Dom der Bischofssitz der Evangelischen Kirche. Das benachbarte Kloster Unser Lieben Frauen gehört zu den bedeutendsten romanischen Anlagen Deutschlands. Vor dem barocken Rathaus am Alten Platz prunkt der Magdeburger Reiter aus dem 13. Jahrhundert – wenn auch nur in Kopie: Das Original hütet das kulturhistorische Museum.

INFO: www.magdeburg-tourist.de

Mit der Rappbode-Talsperre wird das Wasser reguliert und Strom erzeugt (oben). Vom Hexentanzplatz blickt man über das malerische Bodetal zur Rosstrappe (rechts).

16 RUND UM DEN BROCKEN – DER HARZ

Sagenhaftes Naturparadies

Der bewaldete Buckel des Mittelgebirges liegt fast genau in der Mitte Deutschlands. Dort erhebt sich der 1141 Meter hohe Brocken über einer abwechslungsreichen Landschaft. Daneben haben die vielen alten Fachwerkstädtchen, die Burgen und Schlösser den Harz mit seiner geheimnisvollen Sagenwelt zu einer beliebten Urlaubsregion gemacht.

Mehrere Bundesländer teilen sich die Natur des Harzes: Der Westharz gehört zu Niedersachsen, der Ostharz zu Sachsen-Anhalt, im Süden reklamiert Thüringen einen kleinen Teil für sich. Mehrere Gipfel des nördlichsten deutschen Mittelgebirges wie der Brocken (1141 Meter), die Heinrichshöhe, der Königsberg oder der Kleine Brocken überragen die 1000-Meter-Marke. In dem 2006 gegründeten und fast 250 Quadratkilometer großen Nationalpark Harz ist die Natur vor menschlichen Eingriffen weitgehend geschützt. In dem länderübergreifenden Nationalpark sind seltene Tiere wie Uhu, Europäisches Mufflon, Auerhahn und Luchs wieder heimisch geworden.

Die Harzer Schmalspurbahnen, die auf einer Spurweite von nur 1000 Millimetern fahren, verbinden Wernigerode, Nordhausen und Quedlinburg. Wer den Brocken nicht emporwandern will, kann sich von den schnaufenden Lokomotiven der Brockenbahn auf den Gipfel befördern lassen. Besucher von heute finden inspirierende Vorbilder. Goethe hat sich auf seinen drei Harzreisen zwischen 1777 und 1784 von der Natur und der Sagenwelt beflügeln lassen. Den Schauplatz der Walpurgisnacht im *Faust* verlegte der Dichterfürst auf den Brocken, den er selbst mehrfach bestieg. Auch heute feiern Tausende moderne Hexen und Teufel aus ganz Deutschland in der letzten Aprilnacht das Walpurgisfest auf dem Hexentanzplatz bei Thale oder anderen Orten im

Kunstrad im Besucherbergwerk Rammelsberg von Goslar (oben). Sankt Andreasberg lebt als Luftkurort vom Kurbetrieb und Fremdenverkehr (unten). Quedlinburgs Marktplatz säumen fantastisch erhaltene historische Häuser (rechts).

Harz. Doch eigentlich war der Dichter als Naturwissenschaftler und Ingenieur unterwegs und notierte sich viele Einzelheiten zum Bergbau und zur Geologie.
Auch Heinrich Heine hat dem Harz ein literarisches Denkmal gesetzt. Seine 1826 erschienene *Harzreise* beschreibt Landschaft, Begegnungen, Eindrücke und Gedankenspiele einer vierwöchigen Wanderexkursion von Göttingen bis nach Ilsenburg.

So gibt es nicht nur einen Goetheweg auf den höchsten Gipfel des Harzes, sondern auch einen Heinrich-Heine-Weg, der dem Bachlauf im Ilsetal folgt. Theodor Fontane lässt einen ganzen Roman rings um Thale spielen: *Cecile* heißt die düstere Ehegeschichte.

Harz-Aktivitäten

Wer gern wandert, ist im Harz bestens aufgehoben. Der 94 Kilometer lange Hexenstieg nutzt alte Wegstrecken, die früher für den Erztransport dienten. In fünf Etappen lässt sich der Harz auf diesem Panoramapfad von Osterode bis Thale erkunden. Von dort ist es nicht mehr weit zu den wunderschönen Routen in den Tälern von Selke und Bode. Insgesamt führen 8000 Kilometer markierte Wanderwege durch die Wälder des Mittelgebirges.
Auch bei Mountainbikern kommt mit einem rund 2000 langen Wegenetz keine Langeweile auf. In den Wintermonaten verwandeln sich zudem viele Wanderrouten in Loipen, auf denen Langläufer durch eine verschneite Märchenlandschaft gleiten. Der Wurmberg in Braunlage mit seiner Gondelbahn und zwölf Pistenkilometern stellt das größte der recht überschaubaren Areale für alpine Skifahrer dar. Familien mit Kindern schätzen die Rodelstrecken: Ein Lift in Torfhaus bringt Schlitten und Rodler zum Start einer 300 Meter langen Bahn, die nachts von Flutlicht erhellt wird.
Heute zieht sich ein »Grünes Band« mitten durch den Harz. Es markiert die einstige Gren-ze zwischen der alten Bundesrepublik und der DDR. Die Grenzanlagen waren damals militärisches Sperrgebiet, heute sind sie mit Rad- und Wanderwegen erschlossen. An vielen Stellen regen Kunstobjekte, Gedenksteine oder erläuternde Schilder zum Nachdenken an.

Bergbau aus Tradition

Zumindest auf den zweiten Blick kann man erkennen, dass der Harz auch eine uralte Kulturlandschaft ist. Die Geschichte des Harzer Bergbaus reicht in die Bronzezeit zurück. Im 10. Jahrhundert wurde am Rammelsberg von Goslar eine

erste Silberader gefunden und ausgebeutet. In den nächsten Jahrhunderten schlugen Bergleute an mehr als 30 Harzorten wie Clausthal, Altenau oder St. Andreasberg Schächte in den Fels, um silber-, kupfer-, zink-, blei- und eisenerzhaltige Gesteine ans Tageslicht zu fördern. 20 stillgelegte Schaubergwerke zeigen, wie hart die Arbeit unter Tage mit einfachem Handwerkszeug in den engen Schächten war.

Das Besucherbergwerk Rammelsberg bei Goslar gehört seit 1992 zusammen mit der Altstadt und der Kaiserpfalz des Harzstädtchens zum UNESCO-Weltkulturerbe. Da Holz zum Hausbau, für das Abstützen der Gruben und als Holzkohle für die Verhüttung des Erzes diente, waren die Wälder im Harz gegen Ende des 17. Jahrhunderts fast vollständig gerodet. Der heutige Waldreichtum geht vor allem auf die dann einsetzende Forstwirtschaft zurück.

Kaiserpfalz und Fachwerkpracht

Die Kaiserpfalz von Goslar ist das beste Beispiel, dass die mittelalterlichen Herrscher die Nähe zu Erzbergwerken suchten, weil sie reiche Pfründe versprachen. Fast zwei Dutzend Mal fanden sich bis 1219 die Adligen zu Reichstagen in Goslar zusammen. Im Hochmittelalter wurde in der Freien Reichsstadt Weltpolitik gemacht und der Harz bildete in dieser Zeit ein Kernland der Kaiser. Sehenswert ist aber auch Quedlinburg am nördlichen Harzrand, das mit rund 1200 Fachwerkhäusern und der prächtigen Stiftskirche auf dem Schlossberg aufwarten kann. Daneben kann sich Wernigerode, das ein Schloss und viele aufwendig restaurierte Fachwerk-häuser besitzt, ohne Zweifel zu den schönsten Harzstädten rechnen. Auch Clausthal-Zellerfeld hat viel zu bieten: Der Ort besaß im 17. und 18. Jahrhundert die reichsten Erzminen im Oberharz. Seine während des Dreißigjährigen Krieges eingeweihte Marktkirche zum Heiligen Geist ist ganz aus Holz gebaut; sie dokumentiert die frühere Bedeutung des heutigen Universitätsstädtchens mit 15 000 Einwohnern.

Stolberg im Südharz trägt den Titel einer »Historischen Europastadt«. Thomas Müntzer, der radikale Reformator und Anführer des Bauernkrieges, kam hier 1489 zur Welt. Ein Denkmal im Ortszentrum erinnert an den Weggefährten und späteren Widersacher Martin Luthers. Unter dem Schloss aus dem Jahr 1200 schmiegt sich eine Harzidylle ins Tal der Thyra: Die Fachwerkbauten der Bergarbeitersiedlung Stolberg stammen zum Teil aus dem 15. Jahrhundert.

TOP ★ ERLEBNISSE

★ MITTELALTERLICHES QUEDLINBURG

Vom Schlossberg bietet sich der beste Blick auf das mittelalterliche Quedlinburg. In der Altstadt, ein UNESCO-Welterbe, sind ganze Straßenzüge mit mittelalterlichen Fachwerkhäusern erhalten. Auch das Ständerhaus aus dem 14. Jahrhundert, in dem eine Ausstellung über die Entwicklung des Fachwerkbaus Aufschluss gibt, gehört dazu.

Das romanische Gotteshaus St. Wiperti entstand bereits um das Jahr 1000. Die romanische Stiftskirche St. Servatius, eine dreischiffige Basilika mit Doppelturm, birgt in der Krypta die Sarkophage von Heinrich I. (876–936) und dessen Frau Mathilde. Das benachbarte Schloss, einst ein Damenstift, steht auf dem Fundament der Quitlingaburg aus dem 10. Jahrhundert. Am Fuß des Hügels soll beim Finkenherd, einem Fachwerkhaus aus dem frühen 16. Jahrhundert, Heinrich I. der Sage nach 918 die Königskrone entgegengenommen haben.

Weitere Informationen
www.harzinfo.de, www.quedlinburg.de

17 GOETHE, BACH UND THOMANER – LEIPZIG

Stadt der Kultur

Als Messe-, Buch- und Universitätsstadt hat Leipzig eine lange Tradition. Schon 1165 verlieh der Markgraf von Meißen Leipzig das Stadt- und das Marktrecht. Die vor mehr als 600 Jahren gegründete Universität gilt als eine der ältesten Deutschlands. Die Montagsdemonstrationen der Bevölkerung läuteten 1989 den Anfang vom Ende der DDR ein.

In Leipzig spielt die Musik – so viel steht seit dem Jahr 1212 fest. Damals gründete sich der Thomanerchor, dessen berühmtester Leiter Johann Sebastian Bach war. Aber auch Felix Mendelssohn Bartholdy und Robert Schumann lebten und arbeiteten hier, mit dem Gewandhausorchester besitzt die Stadt einen weltberühmten Klangkörper. Zudem hat nicht zuletzt die Leipziger Buchmesse in Leipzig eine lange Tradition. Johann Wolfgang von Goethe hat hier studiert und der Stadt im Faust ein literarisches Denkmal hinterlassen. Schließlich zeigt das Museum der bildenden Künste mit den Werken der Leipziger Schule, etwa von Bernhard Heisig und Werner Tübke, dass an Elster, Pleiße und Parthe die Künste zu Hause sind. Heute gibt die Neue Leipziger Schule um Daniel Richter und Neo Rauch der kreativen Szene neue Impulse.

Wo Leipzigs Herz schlägt

Der schmale Naschmarkt an der Rückfront des Alten Rathauses markiert das Zentrum des Altstadtrings. Das Alte Rathaus öffnet sich zur gegenüberliegenden Seite zum weitläufigen Markt: In dem prächtigen Renaissancebau von 1556 sind heute das Stadtgeschichtliche Museum und ein nettes Restaurant untergebracht. Eine Statue auf dem Naschmarkt erinnert an den Studenten Goethe, der wohl nicht nur den einen Abend in »Auerbachs Keller« verbracht

Das Bundesverwaltungsgericht und das Neue Rathaus im Abendlicht (unten). Der schon 1525 eröffnete »Auerbachs Keller« unter der Mädlerpassage ist durch Goethes Faust in die Weltliteratur eingegangen (rechts oben). Steinerne Krieger bewachen das symbolische Grab der Gefallenen der Völkerschlacht von Leipzig (rechts unten).

hat, den er in einer Szene im Faust verewigte. Das Kellerlokal befindet sich heute unter der im Süden an Markt und Naschmarkt anschließenden Mädler-Passage.
Seinen Kaffee trank Goethe allerdings nicht hier, sondern wenige Straßen weiter westlich in der kleinen Fleischergasse. Das Kaffeehaus »Zum Arabischen Coffe Baum« schenkt nachweislich seit 1720 als eines der ersten in Europa den belebenden Trank aus, den neben Goethe auch August der Starke und Napoleon Bonaparte hier genossen haben sollen.

Nikolaikirche und Augustusplatz

Hinter dem »Handelshof« und dem »Specks Hof«, zwei der traditionellen Mustermessehäuser im Zentrum, taucht gleich die 800 Jahre alte Nikolaikirche auf. Sie ist nicht nur wegen ihrer dekorativen Palmensäulen bekannt. Mit den Friedensgebeten und Montagsdemonstrationen wurde die Kirche 1989 zu einem Kristallisationspunkt der Bewegung, die für demokratische Rechte und schließlich für die Wiedervereinigung Deutschlands eintrat. Am nahen Augustusplatz stehen sich die Oper und das Gewandhaus gegenüber. Das 1781 gegründete Gewandhausorchester, eines der renommiertesten Symphonieorchester weltweit, spielt auch in der Leipziger Oper und in der Thomaskirche. Zu seinen Chefdirigenten gehörten Felix Mendelssohn Bartholdy, Wilhelm Furtwängler und Kurt Masur.
Die zu einer gotischen Hallenkirche umgestaltete Thomaskirche liegt am westlichen Innenstadtring. Sie stammt aus dem 12. Jahrhundert und ist Heimat des heute 100-köpfigen weltberühmten Thomanerchors. Als sein bekanntester Kantor wirkte Johann Sebastian Bach hier von 1723 bis 1750.
Sehenswert ist auch der Hauptbahnhof im Norden des Innenstadtrings. Schon 1839 betrieb die »Leipzig-Dresdner Eisenbahn-Compagnie« die erste deutsche Fernbahnstrecke zwischen den beiden sächsischen Städten. Der riesige, offiziell 1915 eingeweihte Kopfbahnhof mit seiner fast 300 Meter langen Fassade wurde in den 1990er-Jahren restauriert.
Eine der traditionsreichsten und meistbesuchten Attraktionen Leipzigs ist der Zoologische Garten, der an den Stadtwald Rosental grenzt. Auf dem 26 Hektar großen Gelände leben heute etwa 900 Tierarten. Die im Jahr 2001 eröffnete, weltweit größte Menschenaffenanlage »Pongoland« ist Teil eines Primaten-Wissenschaftszentrums, das Erbanlagen und Verhalten des nächsten tierischen Verwandten der Menschen erforscht. Zehn Jahre später entstand das »Gondwanaland«, Europas größte Tropenhalle.

TOP ★ ERLEBNISSE

★ RUNDWEG

Das reinste Namedropping der Musikgeschichte: Bach, Schumann, Grieg, Clara Wiek, Wagner, das Gewandhaus, die Thomaskirche … Ein Spaziergang über 5,3 Kilometer führt quer durch die Stadt mit der weltweit höchsten Dichte an original erhaltenen Wirkungsstätten berühmter Komponisten. An 23 Stationen der Leipziger Notenspur erfährt man, wo sich Bedeutsames befand oder ereignete – natürlich zum Hören.

★ RUNDUMBLICK

Das Panometer zieht jedes Jahr mehr als 600 000 Besucher an, die sich von den fantastischen Welten Yadegar Asisis begeistern lassen. Aktuell zeigt das 32 Meter hohe 360°-Bild eine Blumenwiese, die der Betrachter hundertfach vergrößert erlebt.

★ RUNDUMSCHLAG

Die Völkerschlacht bei Leipzig war ein Gemetzel ohne gleichen: 600 000 Soldaten, die einen unter Napoleon, die anderen auf Seiten der alliierten Preußen, Russen, Schweden und Österreicher, trafen hier im Oktober 1813 aufeinander. Seit 1913 erinnert ein 91 Meter hoher Granitporphyr-Klotz an das große Sterben, vor Kurzem wurde er saniert und die Außenanlage erneuert.

Weitere Informationen
www.leipzig.travel/de,
www.panometer.de,
https://notenspur-leipzig.de

Die Putte genießt den Blick in den Innenhof des Dresdner Zwingers, im Hintergrund ist das Residenzschloss zu sehen (oben). Auf dem Neumarkt prunkt die wieder errichtete Dresdner Frauenkirche (rechts).

18 BAROCK UND PORZELLAN – DRESDEN UND MEIßEN

Sächsisches Wunder

Dresden, die barocke Kulturstadt an der Elbe, hat schon viele begeistert: Auf engem Raum liegen Residenzschloss, Zwinger, Semperoper, die wiederaufgebaute Frauenkirche und Spitzenmuseen mit Bildern, Plastiken oder Porzellan dicht beisammen. Den Kontrast bilden die trendigen Szeneviertel der Neustadt. Die Schiffe der Weißen Flotte bringen Ausflügler nach Meißen oder ins Elbsandsteingebirge.

Er muss imposant gewesen sein: August der Starke (1670–1733), Kurfürst, König und Casanova. Die herausragende Herrscherpersönlichkeit Sachsens hat dem Land viel hinterlassen: Architektur, Kunst und angeblich fast 400 Nachkommen. Dank seinem Drang zur Machtentfaltung – er war gleichzeitig König von Polen – besitzt Sachsen zahlreiche prächtige Bauten.

Nach dem Feuersturm im Februar 1945 schien das alles verloren. Nicht nur das Schloss, fast das komplette Stadtzentrum lag in Schutt und Asche. Wer Dresden heute besucht, mag das kaum glauben, so prächtig offenbaren sich die Architekturschätze in der wiederaufgebauten barocken Stadt.

Renaissancepracht am Residenzschloss

Auch der Herrschersitz der Wettiner Fürsten im Zentrum erstrahlt in neuem Glanz. Die königlichen Schatzsammlungen verteilen sich im Residenzschloss auf fünf Museen. Das Grüne Gewölbe präsentiert rund 3000 Kunstwerke, weitere Schätze sind im Wappen- und Bronzezimmer, im Bernsteinkabinett und im Pretiosensaal ausgestellt. Das Neue Grüne Gewölbe zeigt mehr als 1000 wertvolle Stücke. Allein das Szenario »Hofstaat zu Delhi am Geburtstag des Großmoguls Aureng-Zeb« ist mit 5000 Edelsteinen dekoriert. Die »Türckische Cammer« umfasst eine einmalige Sammlung osmanischer Kunst, darunter lebensecht geschnitzte Araberpferde mit silbrigem Zaumzeug.

Der Fürstenzug stellt die wettinischen Herrscher auf einem Wandbild dar (rechts oben). Pure Lebenslust verströmt das Mozart-Denkmal im Blüherpark (oben). Nirgendwo lässt sich in so schönem Ambiente Milch kaufen wie in Pfunds Molkerei von 1892 (unten). Orientalisches Flair vermittelt die Tabakmoschee (rechts unten).

Die Kathedrale Sanctissimae Trinitatis beim Residenzschloss diente als katholische Hofkirche. August der Starke war im protestantischen Sachsen zum Katholizismus übergetreten, um sich für die polnische Königskrone zu bewerben. Sein Sohn Friedrich August II. (1696–1763) gab den Auftrag für die Barockkirche.

Rund 800 Jahre regierten die Wettiner in Sachsen, bis die deutsche Novemberrevolution 1918 auch ihre Herrschaft beendete. Der auf 23000 Meißner Porzellanfliesen gemalte Fürstenzug bildet 94 Figuren aus der Herrscherfamilie ab. Die Ahnengalerie auf der Außenwand des Langen Ganges überstand sogar die Dresdner Feuernacht am 13. Februar 1945.

Auferstanden aus Ruinen

Der einst von barocken Gebäuden umgebene Neumarkt war nach dem Zweiten Weltkrieg ein Trümmerfeld. Umso erstaunlicher präsentiert er sich heute. Die dank vieler Spenden fast komplett neu erbaute Frauenkirche wurde 2005 eingeweiht. Der fast kreisrunde Innenraum zeigt eine verspielte, farbenfrohe Leichtigkeit unter der 37 Meter hohen Kuppel. Die Aussichtsplattform der äußeren Kuppel bietet aus 67 Meter Höhe einen wunderschönen Blick über die Stadt. Auf dem Platz steht auch die im Bombenhagel nahezu unversehrt gebliebene Statue des Reformators Martin Luther.

Der etwas weiter südlich gelegene Altmarkt bildete früher mit dem Alten Rathaus ein weiteres Zentrum der Stadt. Heute blickt man vom Markttreiben auf moderne Bauten wie den Kulturpalast von 1969. Die imposante Kreuzkirche ist vor allem wegen ihres 150-köpfigen Kreuzchors bekannt.

Die elegante Brühlsche Terrasse gilt als einer der schönsten Aussichtsbalkone Dresdens: Oberhalb des Elbufers schweift der Blick auf den Elbstrom und die prachtvolle Kulisse am jenseitigen Flussufer. Eine herausragende Sammlung von Gemälden und Skulpturen und einen faszinierenden Lichthof birgt das Albertinum an der Brühlschen Terrasse.

Doch in Dresden ist nicht nur die barocke Kunst zu Hause, das demonstriert das 1911 von dem Dresdner Unternehmer und *Odol*-Fabrikanten Karl August Lingnergegründete Deutsche Hygiene-Museum in einer fantastischen Ausstellung zum menschlichen Körper und seinen Wechselwirkungen mit Umwelt und Gesellschaft. Wenig weiter können Besucher der supermodernen »Gläsernen Manufaktur« nachvollziehen, wie VW Elektromobilität beim Fahrzeugbau umsetzt.

Der Zwinger und die Semperoper

Den Theaterplatz flankieren auf der einen Seite das Residenzschloss und die Hofkirche, auf der anderen Semperoper und Zwinger. Dessen Innenhof ließ August der Starke für höfische Feste anlegen. Unter den Museen wie Rüstkammer, Porzellansammlung oder Mathematisch-Physikalischer Salon ist die Gemäldegalerie Alte Meister das bekannteste. Sie präsentiert Bilder von Tizian, Corregio, Rembrandt, Rubens, Dürer und Canaletto sowie mit Raffaels Sixtinischer Madonna (1513) den Inbegriff italienischer Renaissancekunst.

Die Semperoper hatte schon eine bewegte Baugeschichte hinter sich, als sie 1878 nach Plänen Gottfried Sempers (1803–1879) im Stil der Hochrenaissance neu entstand. Nach dem Zweiten Weltkrieg lag sie lange brach und feierte erst 1985 mit Carl Maria von Webers Oper Der Freischütz ihre Wiedereröffnung. Hinter der Oper bietet der Sächsische Landtag einen modernen Kontrast aus Stahl und Glas. Wer auf der Augustus- oder einer anderen Brücke die Elbe quert, erreicht die Neustadt aus dem späten 17. Jahrhundert, die mit barocken Hausfassaden und lauschigen Innenhöfen gefällt. In Szenevierteln der Äußeren Neustadt gibt es Klubs, Boutiquen, Cafés und Restaurants. Am Albertplatz kommen Freunde des hier aufgewachsenen Schriftstellers im kleinen Erich-Kästner-Museum auf ihre Kosten. Etwas abgelegen, aber ein Ziel jeder Stadtrundfahrt, ist Pfunds Molkerei, ein historischer Milchladen mit 3500 farbigen Majolikafliesen.

Zerbrechliche Kunstwerke

Zu einem Dresdenbesuch gehört ein Abstecher nach Meißen: Von der Albrechtsburg, Deutschlands erstem Schlossbau aus dem 10. Jahrhundert, überblickt man die Ziegeldächer der Altstadt, den Elbstrom und das andere Flussufer mit Feldern und Weinhängen. In der »Wiege Sachsens« wurde der Bau des gotischen Doms mit den prägnanten Doppeltürmen 1250 begonnen. Nachdem es dem Physiker Tschirnhaus und dem Apotheker Böttger 1708 gelungen war, Porzellan herzustellen, gründete der sächsische Kurfürst August der Starke eine Manufaktur in der Albrechtsburg. 150 Jahre später zog sie an ihren heutigen Standort, wo seitdem edles Geschirr und Kunstobjekte mit dem berühmten Signum der zwei gekreuzten Schwerter unter dem Namen »Meissen Manufaktur« gefertigt werden.

TOP ★ ERLEBNISSE

★ ZUM TABAKTEMPEL

In der Weißeritzstraße wird Dresden orientalisch: Dort ragt seit 1909 die verglaste Kuppel von Yenidze auf, einer Zigarettenfabrik, die ihren Rohstoff aus der Region Yenice im damaligen Osmanischen Reich bezog. Heute sind in der exotischen Tabakmoschee Büros und ein Restaurant mit dem höchsten Biergarten Dresdens untergebracht.
Nicht weit entfernt führt der Elberadweg vorbei, der von der Quelle im Riesengebirge bis zur Mündung in die Nordsee den Strom über 1260 Kilometer begleitet. Der Streckenabschnitt in Dresden streift viele weitere markante Punkte wie Schloss Pillnitz oder die Schwebe- und Standseilbahn am Blauen Wunder.

★ IN DEN KRISTALLPALAST

Wie es sich für moderne Architektur gehört, gab es zunächst ordentlich Gegenwind für den Ufa-Palast, dafür bürgte schon das Planungsbüro Coop-Himmelb(l)au. Es entwarf den Kinoneubau in der Struktur eines Kristalls und setzte damit neben das kreisförmige Rundkino (einem Paradebeispiel moderner DDR-Architektur von 1972) einen dekonstruktivistischen Musterbau.

Weitere Informationen

www.dresden.de, www.semperoper.de,
www.touristinfo-meissen.de,
www.yenidze.eu,
www.ufa-dresden.de

Zur Dämmerung zeigt sich der Nationalpark von seiner schönsten Seite (oben). Wild zerklüftete Felslandschaft am Pfaffenstein in der Sächsischen Schweiz (rechts).

19 OUTDOOR-PARADIES – DIE SÄCHSISCHE SCHWEIZ

Spektakulärer Sandstein

Wind, Wetter und die gewundene Elbe haben das Elbsandsteingebirge zerfurcht und zerschnitten. Bizarre Felsformationen werden von tiefen Canyons abgelöst: ein Paradies für Wanderer und Kletterer. Der Elbe-Radweg am Fluss verspricht entspannten Genuss.

Ende des 18. Jahrhunderts fühlten sich zwei Schweizer Professoren der Dresdner Kunstakademie auf einer Wanderung fast wie zu Hause und so nannten sie die Landschaft stromaufwärts von Pirna nach ihrer Heimat. Genau 112 Kilometer schlängelt sich hier der Malerweg vorbei an Festung Königstein, Burg Hohnstein, Felsenbühne von Rathen und Felsformationen der »Bastei«. Der Große Zschirnstein ist mit 562 Metern die höchste Erhebung im deutschen Teil des Elbsandsteingebirges, das sich bis nach Tschechien zieht.

Internationaler Nationalpark

Noch 1990 wies die DDR in den letzten Tagen ihres Bestehens den Nationalpark Sächsische Schweiz aus. Mit angrenzenden Reservaten und dem Nationalpark Böhmische Schweiz jenseits der Grenze stehen im Elbsandsteingebirge mehr als 700 Quadratkilometer Fläche unter Naturschutz.

Das nur 20 Kilometer von Dresden entfernte Pirna, eine Kreisstadt mit 38 000 Einwohnern, gilt als Tor zur Sächsischen Schweiz. Bis zur tschechischen Grenze findet man an der Elbe nur noch kleinere Orte wie Stadt Wehlen, Rathen, Königstein oder Bad Schandau.

Von Rathen, bekannt für seine Felsenbühne, erreicht man die Zinnen der »Bastei« in 45 Minuten. Eine abenteuerliche Brücke, 1851 in den Fels gebaut, ermöglicht die Sicht ins Elbtal und zur Festung Königstein auf einem Plateauberg, Deutschlands mächtigster Bergfestung. Während des Zweiten Weltkriegs kamen in der Festung viele Kunstschätze aus Dresden unter.

INFO: www.saechsische-schweiz.de

20 NATUR UND HANDWERK – DAS ERZGEBIRGE

Landschaft mit vielen Facetten

Den kantigen Namen verdankt das Mittelgebirge den Silber- und Buntmetallfunden im Mittelalter. Später war die Region an der tschechischen Grenze für Klöppelkunst und Holzschnitzereien bekannt. Ihre herrliche Natur lädt zu Wanderungen und Radtouren ein.

Als 1168 Silber in der Umgebung des heutigen Freiberg entdeckt wurde, brach im Mittelgebirge an der Grenze nach Böhmen erstmals »Berggeschrey« aus, das bis Mitte des 17. Jahrhunderts noch mehrfach ertönte und die Kunde von neuen Erzfunden verbreitete.

In dieser Zeit entwickelte sich das Erzgebirge zu einem der Zentren des Bergbaus in Mitteleuropa.

Am Fichtelberg finden sich freie Flächen fürs Snowkiting (rechts). Besucher in traditioneller Bergmannstracht auf dem Weihnachtsmarkt von Seiffen (rechts oben).

Natur und Handwerk – Das Erzgebirge

Der Abbau von Uranerz ließ den Bergbau selbst im 20. Jahrhundert immer wieder aufleben. Experten verheißen der Region sogar eine reiche Zukunft: Hier sollen die größten Zinnvorkommen der Welt ruhen. Mehr als 20 Schaubergwerke, historische Bergorte und Hallenkirchen machen die Sächsisch-Böhmische Silberstraße zur Besucherattraktion.

Der Fichtelberg ist mit 1214 Metern der höchste Berg im deutschen Teil. Rund 5000 Kilometer markierter Wanderwege bieten beste Voraussetzungen für Aktivurlauber. Vielerorts können Besucher Spielzeugschnitzern und -tischlern über die Schulter sehen. Schwibbögen und Weihnachtspyramiden präsentieren das Erzgebirgische Spielzeugmuseum im »Spielzeugdorf« Seiffen und das Museum von Olbernhau. In Neuhausen lockt das Nussknackermuseum und um Feinmechanik geht es in Glashütte, wo seit 1845 hochwertige Chronometer gefertigt werden.

Auch im Winter hat das Erzgebirge seine Reize. Die Höhenzüge, etwa um Oberwiesenthal oder Altenberg, zählen zu den beliebtesten Wintersportregionen im Osten Deutschlands.

INFO: www.erzgebirge-tourismus.de

TOP ★ ERLEBNISSE

★ EINMAL FLIEGEN

Eine Fly-Line vereint drei rasante Möglichkeiten, vom Gipfel ins Tal zu gelangen – Zipline, Sommerrodelbahn und Achterbahn. In Oberwiesenthal führt der sanfte Flug im Sitzgurt von der Bergstation des Höhenlifts über 1550 Meter in vielen Schleifen und Kurven nach unten. Auch wenn die Bergfahrt mit der ältesten noch betriebenen Seilschwebebahn ein Erlebnis ist: Die Wanderung auf den Fichtelberg, mit 1214 Metern der höchste Berg Sachsens, stellt eine angenehme Herausforderung dar, die mit Panoramablicken auf das Naturschutzgebiet Jungferngrund belohnt.

★ NEUNMAL DOWNHILL

Stoneman Miriquidi heißt die echte Mountainbiker-Sensation im Erzgebirge. Erdacht vom MTB-Profi und »Stoneman« Roland Stauder führt die 162 Kilometer lange Strecke über neun Gipfel, 4400 Höhenmeter und durch zwei Länder.

★ ACHTMAL AUSTOBEN

Neue Spielwelten, mal schweißtreibend auf dem Trampolin oder an Kletterwänden, mal virtuell im XXL-Labyrinth – seit 2018 bietet die Fundora-Erlebniswelt in Schneeberg acht verschiedene Indoor-Abenteuer.

Weitere Informationen
www.vierersesselbahn.de,
www.stoneman-miriquidi.com,
www.fundora-schneeberg.de

DIE MITTE

Von der Wartburg zum Vater Rhein

Klassiker aus der Mitte Deutschlands: Fachwerk am Kiepenkerlplatz in Münster (oben), Kölner Karnevalsjecken auf dem Alter Markt (unten). Gut 200 Meter über dem Städtchen Eisenach erhebt sich die Wartburg, die bekannteste Burg der Ludowinger, erbaut um das Jahr 1067 (links).

21 INSPIRATION FÜR GEISTESGRÖSSEN – WEIMAR

Stadt der Dichter und Designer

Bis heute ist Weimar ein Ziel für Kulturreisende aus aller Welt. Noch immer zehrt die Stadt, in der Wieland, Herder, Goethe und Schiller wirkten, von ihrem Ruf, einst Zentrum deutschen Geisteslebens gewesen zu sein. Weimar ist darüber hinaus der Gründungsort der ersten deutschen Republik und des weltberühmten Bauhauses.

Obwohl das thüringische Städtchen Weimar, das hübsch an einem Bogen der Ilm liegt, über zahllose Kulturdenkmäler verfügt und obwohl hier das kulturelle Erbe und die deutsche Geschichte allgegenwärtig sind, hat es keine Patina angesetzt. Ganz im Gegenteil: Im Umfeld der Bauhaus-Universität, die nach der Wende aus der Hochschule für Architektur und Bauwesen hervorgegangen ist, hat sich eine vielseitige und lebhafte Kunstszene entwickelt. Das ganze Jahr über ist Weimars Veranstaltungskalender mit Ausstellungen, Konzerten und Festivals prall gefüllt. Und auch mit dem Angebot an Klubs, Kneipen und urigen Lokalen kann sich die Welterbe-Stadt sehen lassen.

Ein Spaziergang durch die Altstadt

»Wo finden Sie auf einem so engen Fleck noch so viel Gutes?« – Diese Worte von Johann Wolfgang von Goethe (1749–1832) über Weimar haben nichts von ihrer Gültigkeit verloren. In der überschaubaren Altstadt liegen die kulturellen Highlights dicht beieinander. Am Theaterplatz, den seit dem Jahr 1857 das Goethe- und Schiller-Denkmal schmückt, wird die große Geschichte der Stadt lebendig.

Im neoklassizistischen Monumentalbau des Deutschen Nationaltheaters an der Ostseite des Platzes tagte 1919 die verfassungsgebende Versammlung der gerade entstehenden Republik. 2019 verließ das Bauhausmuseum sein Provisorium, die ehe-

Pittoresk gibt sich der Marktplatz (unten). Das Büstenzimmer in Goethes Haus am Weimarer Frauenplan (rechts oben). Goethe blickt auf dem Theaterplatz sinnend in die Ferne (rechts unten).

malige Wagenremise gleich gegenüber, und zeigt nun am Stéphane-Hessel-Platz Design-Klassiker aus der berühmten Kunstschule. Walter Gropius (1883–1969) gründete 1919 die vollkommen neue Bildungsstätte, die die Formensprache in Kunst und Architektur revolutionieren sollte.

Das Wittumspalais auf der südöstlichen Seite des Platzes war Residenz der Herzogin Anna Amalia, die den Weimarer Musenhof begründete und hier regelmäßig zu geselligen Tafelrunden lud.

Nur ein Stück weiter südlich steht das Wohnhaus Friedrich Schillers (1759–1805), das der Dichter 1802 erwarb und knapp drei Jahre lang bewohnte. Die Einrichtung des Arbeits- und Sterbezimmers ist original erhalten. Die Klassik Stiftung Weimar unterhält das Haus und öffnet es für Besucher.

Goethes Haus am Frauenplan, in dem er ab 1782 bis zu seinem Tod 50 Jahre später wohnte, ist wohl die Hauptattraktion im klassischen Weimar. Nach dem Tod von Goethes letztem Enkel wurde das Haus 1886 in ein Museum umgewandelt, das die umfangreichen kunsthistorischen und naturwissenschaftlichen Sammlungen des Dichters, seine Bibliothek sowie seine Wohn- und Arbeitsräume einem breiten Publikum zugänglich macht. In der »Herzogin Anna Amalia Bibliothek« im Grünen Schloss ist der kostbar ausgestattete Rokokolesesaal ein Besuchermagnet. Die Bibliothek, die durch einen Brand im September 2004 rund 50 000 wertvolle Bände verlor, verfügt über die weltweit bedeutendste Büchersammlung zur deutschen Klassik.

Goethes grünes Erbe

Als Großherzog Karl August von Sachsen-Weimar-Eisenach 1776 den ursprünglich barock angelegten Park an der Ilm im Stil eines englischen Landschaftsgartens umgestalten ließ, wirkte Goethe eifrig mit. In den scheinbar planlosen, tatsächlich aber kunstvollen Arrangements aus einheimischen und exotischen Gehölzen wie Gingko oder Sumpfzypresse findet die Naturbegeisterung des 18. Jahrhunderts ihren vollkommenen Ausdruck. Während eines Rundgangs eröffnen sich durch raffiniert gesetzte Sichtachsen immer wieder interessante Ausblicke auf markante Gebäude, Denkmäler und Skulpturen. Der bekannteste Eyecatcher ist natürlich das am östlichen Ilmhang gelegene Gartenhaus Goethes, in dem der Dichter zwischen 1776 und 1782 wohnte. Es war ein Geschenk des Großherzogs, dem es aber geraten schien, seinen Geheimrat als Käufer auftreten zu lassen. Immer wieder zog sich Goethe in das bescheidene Gartenhaus zurück – zuletzt im Februar 1832, einen Monat vor seinem Tod.

TOP ★ ERLEBNISSE

★ SPORTLICHES WEIMAR

Der Ilmtal-Radweg schlängelt sich auf 123 Kilometern durch Thüringen – auch durchs Stadtgebiet von Weimar. Ein angenehmer Effekt: Es geht immer leicht bergab, von der Quelle auf 750 Meter Höhe im Thüringer Wald bis zur Mündung in die Saale bei 120 Meter über N.N.

★ KLASSISCHES WEIMAR

Wer alle Stätten ansehen möchte, die seit 1996 bzw. 1998 zum Weltkulturerbe gehören, muss gut zu Fuß sein: Drei Punkte haben mit Weimar als Bauhaus-Geburtsort zu tun, elf Anlaufstellen fallen unter die Rubrik »Klassisches Weimar« und dazwischen liegt der Park an der Ilm. Dort ergingen sich die Geistesgrößen: Wieland, Herder, Liszt, Anna Amalia, Schiller, Goethe, Van de Velde, Gropius.

★ AUTONOMES WEIMAR

Bei so viel Ernst und Gediegenheit wirkt die Chuzpe ganz erfrischend: Das Autonome Cultur Centrum, kurz ACC, versorgt die Stadt seit 1988 mit Ausstellungen, Vorträgen und anderen Veranstaltungen. Es versteht sich als Ort der Begegnung – etwa im Café-Restaurant.

Weitere Informationen
www.weimar.de

Wichtige Sehenswürdigkeit Erfurts: die Krämerbrücke.

22 SAKRALE BAUKUNST UND MEHR – ERFURT

Sakrale Baukunst und mehr – Erfurt

Das historische Zentrum Erfurts wird immer wieder als schönste Altstadt Deutschlands gerühmt. Bürgerhäuser und Kirchen, enge Gassen und romantische Plätze bestimmen das Bild. Die 1117 erstmals erwähnte Krämerbrücke gilt als architektonisches Kleinod.

Trotz der schier überbordenden Fülle an historischer Bausubstanz ist Erfurt keineswegs zu einem Freilichtmuseum erstarrt. Überall in den Gassen locken Cafés und kleine Geschäfte. An der Krämerbrücke herrscht immer ein großes Gedränge. Das steinerne Bauwerk, das in sechs Bogen die Gera überspannt, ist die einzige bebaute Brücke nördlich der Alpen.

Auf dem Domberg

Das Ensemble aus Dom und St. Severi auf dem Domberg ist das alles überragende Wahrzeichen von Erfurt. Die beiden Kirchen zählen zu den beeindruckendsten Werken mittelalterlicher Sakralbaukunst. Der Dom wurde ab dem frühen 14. Jahrhundert an der Stelle einer romanischen Basilika errichtet. Der gewaltige Chor, der sich auf einem dem Domberg vorgebauten Podest erhebt, war wohl um 1370 fertiggestellt. Historische Quellen bezeugen, dass das Langhaus 1455 abgerissen und bis zum Ende des Jahrhunderts durch die noch heute erhaltene spätgotische Halle ersetzt wurde. Im Inneren des Doms beeindrucken der barocke Hochaltar, das meisterhafte mittelalterliche Chorgestühl und die Tafelgemälde, die die Langhauspfeiler schmücken und vermutlich aus dem 15. Jahrhundert stammen.

Neben dem Dom wirkt die Severikirche schlicht und zierlich. Die fünfschiffige Hallenkirche wurde zwischen 1276 und 1360 errichtet und gilt als bedeutendes Beispiel der Frühgotik. Sie zeichnet sich durch den Hochaltar aus, aber auch durch die Steinmetzarbeiten, darunter den berühmten Severi-Sarkophag.

INFO: www.erfurt.de

Golden glänzt der Drachentöter Georg auf dem Marktbrunnen von Eisenach.

23 LUTHER HAUTNAH – EISENACH UND DIE WARTBURG

Im Schatten der Wartburg

Der Geburtsort Johann Sebastian Bachs wird meist nur als Ausgangspunkt für Ausflüge auf die Wartburg wahrgenommen, die seit 1999 zum UNESCO-Welterbe gehört. Dass Eisenach selbst über interessante Sehenswürdigkeiten verfügt, wird dabei leicht übersehen.

Eisenach hat viele Gesichter: In der denkmalgeschützten historischen Residenz- und Bürgerstadt prägen es Bauwerke wie das Renaissancerathaus und das barocke Stadtschloss. Unweit davon erinnert das Lutherhaus daran, dass der Reformator von 1498 bis 1501 hier lebte und eine Lateinschule besuchte. Und im Museum Automobile Welt präsentiert es sich als Industriestandort, in dem ab 1896 die Fahrzeugfabrik Eisenach Automobile produzierte, ab 1955 den Wartburg.

Bibel, Burschen, Sängerkrieg

Auf der Wartburg prangt ein weltberühmter Tintenfleck: An der Wand der Schreibstube sieht man die Hinterlassenschaft des Tintenfasses, das Martin Luther hier einst nach dem Teufel geworfen haben soll. 1521/22 hielt sich der in Eisleben geborene Reformator als »Junker Jörg« auf der Wartburg versteckt und übersetzte das Neue Testament ins Deutsche.

Wie kaum ein anderer Ort ist die Wartburg mit der deutschen Geschichte verbunden. Nachdem studentische Burschenschaftler sich hier erstmalig 1817 zu einem Fest versammelten, um die Reichseinheit zu beschwören, wurde die mittelalterliche Trutzburg zu einer Weihestätte für Nationalromantiker. Verschiedene historistische Ausschmückungen sind erhalten, z. B. die Mosaiken in der Kemenate Elisabeths von Ungarn, die August Oetken Anfang des 20. Jahrhunderts schuf. Oder das Monumentalfresko von Moritz von Schwind (1804–1871) im Sängersaal: Es zeigt den legendären Sängerwettstreit des 13. Jahrhunderts.

INFO: www.wartburg-eisenach.de

Sternwarte oder Kultplatz? Den Externsteinen bei Horn-Bad Meinberg werden besondere Kräfte nachgesagt. Zum Sternwartefelsen führt die Mondscheinbrücke.

24 EXTERNSTEINE – RÄTSEL IM TEUTOBURGER WALD

Bizarre Sandsteinfelsen

Seit Jahrhunderten fordern die bizarren, bis zu 40 Meter hohen Sandsteinfelsen im Teutoburger Wald zu Spekulationen heraus. Geologen konnten zwar ihre Entstehung klären, die Spuren, die Menschen hier hinterließen, geben aber nach wie vor Rätsel auf.

Die Externsteine entstanden vor rund 70 Millionen Jahren, als im Zuge der Auffaltung des Teutoburger Waldes Sandsteinschichten senkrecht aufgepresst wurden. Im Lauf der Jahrmillionen legten die Kräfte der Erosion dann die Steintürme frei und erschufen jene Felsformationen, die wir heute kennen. Hineingehauene Treppen, Grotten und Höhlen sind Indizien dafür, dass Menschen die Externsteine über Jahrhunderte bearbeiteten und nutzten. Seit Archäologen in der Nähe der Steinriesen Keramiken des 10. bis 14. Jahrhunderts fanden, gilt als sicher, dass sich hier im Mittelalter Mönche aufhielten. Das vermutlich zu Beginn des 9. Jahrhunderts geschaffene monumentale »Felsrelief von der Abnahme Jesu vom Kreuz« am Eingang zum Höhlensystem des mächtigen Grottenfelsens lässt überdies vermuten, dass die Externsteine als christliche Andachtsstätte dienten. Ob das Heiligtum an der Stelle einer zerstörten heidnisch-germanischen Kultstätte entstand, ist jedoch äußerst umstritten. Bis heute hat man dafür keine Belege gefunden.

Steinerner Germane

Acht Kilometer nordöstlich der Externsteine reckt Hermann der Cherusker auf einem riesigen Siegerpodest triumphierend sein Schwert in die Höhe. Das Hermannsdenkmal, im 19. Jahrhundert vom deutschen Architekten Ernst von Bandel entworfen, erinnert an die Varusschlacht 9 n. Chr., in der ein germanisches Heer unter Hermann den römischen Feldherrn Varus schlug und das Vordringen der Römer auf rechtsrheinisches Gebiet stoppte.

INFO: www.externsteine-info.de

25 ALTE GIEBEL UND MODERNE KUNST – MÜNSTER

Am Kunstmuseum Pablo Picasso ist das Konterfei des Künstlers nach einem Foto von Robert Capa aus fast 14000 Mosaiksteinen zusammengesetzt.

Picasso in der Provinz

Münster ist als Stadt der prächtigen Kirchen und Bürgerhäuser, als Schauplatz der Wiedertäufer-Prozesse und des Westfälischen Friedens landesweit ein Begriff. Weniger bekannt ist, dass es auch Standort des einzigen Picasso-Museums in Deutschland ist.

Streng genommen ist die Kirche, die sich mitten in Münster erhebt, bereits der dritte Dom. Denn der doppelchörigen Basilika aus dem 13. Jahrhundert gingen ein karolingischer und ein ottonischer Bau voraus.

Einen Steinwurf vom Dom entfernt zeigt sich Münster am Prinzipalmarkt von seiner Schokoladenseite. Obwohl die Giebelhäuser lediglich »vereinfachte Rekonstruktionen« der Bauten aus dem 13. und 14. Jahrhundert sind, konnte der historische Eindruck wiederhergestellt werden: Jeder der Giebel präsentiert sich heute wie vor 100 Jahren als Unikat.

Im spätgotischen Rathaus wurde 1648 der Frieden von Münster als Teil des Westfälischen Friedens nach dem Dreißigjährigen Krieg besiegelt. Und am Turm der gotischen Lambertikirche sind bis heute drei Käfige aufgehängt. In ihnen wurden 1536 die Leichen der scheußlich hingerichteten radikalreformatorischen Wiedertäufer zur Schau gestellt.

Die Moderne hält Einzug

Das Kunstmuseum Pablo Picasso residiert im klassizistischen »Druffelschen Hof«. Seine Sammlung umfasst mehr als 800 Grafiken des genialen Künstlers, die in wechselnden Ausstellungen gezeigt werden. Darüber hinaus stellen seit 1977 in Münster international bekannte Künstler alle zehn Jahre parallel zur alle fünf Jahre stattfindenden documenta Skulpturen im öffentlichen Raum aus. Einige dieser Werke hat die Stadt erworben. Sie bilden mittlerweile einen über die ganze Stadt verstreuten reizvollen Kunstpark.

INFO: www.muenster.de

Gute Wasserlage: das Rheinufer von Duisburg-Ruhrort (oben), das Aquarius Wassermuseum im 100 Jahre alten Wasserturm von Mülheim (rechts).

26 GLÜCK AUF! – METROPOLE RUHR

Eine Region im Umbruch

Die Wunden, die die Deindustrialisierung schlug, sind noch lange nicht verheilt und die strukturellen Schwierigkeiten bestehen nach wie vor – dennoch entwickelt sich das Ruhrgebiet zu einer lebendigen Region. 2010 konnte Essen als Europäische Kulturhauptstadt stellvertretend für die 53 Städte des Reviers zeigen, wie sich der Wandel vollzieht.

Mit rund fünf Millionen Einwohnern ist das Ruhrgebiet Deutschlands größter Ballungsraum. Von den Anfängen der Industrialisierung bis weit in die 1960er-Jahre schlug hier das wirtschaftliche Herz der Republik. Fördertürme, Fabrikschlote und Hochöfen gaben der Region lange ihr unverwechselbares Gesicht. Als im Zuge der Globalisierung die Zechen schlossen und die Stahlkonzerne ihre Produktionsstätten ins Ausland verlagerten, setzte der Niedergang des Ruhrgebiets ein. Stahlwerke und Förderanlagen verwandelten sich in Industriebrachen, ganze Stadtviertel verödeten. Mittlerweile scheint sich das Blatt zu wenden. Vielerorts sind moderne Technologieparks entstanden und die Ruinen des Industriezeitalters werden als Erbe einer vergangenen Epoche genutzt. Stillgelegte Zechen, Eisenhütten- und Stahlwerke stehen unter Denkmalschutz und bilden heute eine Touristenattraktion.

Duisburg: ein Tor zur Welt

In der Stadt des »Tatort«-Kommissars Schimanski an der Mündung der Ruhr in den Rhein liegt der größte europäische Binnenhafen. Mit dem Seehafen Rotterdam durch den Rhein verbunden, bilden die Häfen von Duisburg-Ruhrort ein Drehkreuz im europäischen Güterverkehr. Seit in den 1980er-Jahren die Umschlagzahlen für Kohle und Erz zurückgingen und überdies die Containerschifffahrt immer mehr an Bedeutung gewann, wurde Duisburg-Ruhrort zu einem modernen Containerhafen ausgebaut.
Während der Strukturwandel in Duisburg-Ruhrort einen Modernisierungsschub auslöste, voll-

zog der Innenhafen im Herzen der Stadt eine gänzlich andere Entwicklung. Der ehemalige Getreidehafen wurde in den letzten 20 Jahren im Rahmen eines Förderprogramms des Landes Nordrhein-Westfalen in ein attraktives Wohn- und Arbeitsquartier mit einem breiten Kulturangebot umgewandelt. Obwohl der von Norman Foster 1990 vorgestellte Masterplan noch nicht vollständig umgesetzt ist, gilt Duisburgs Innenhafen schon jetzt als beispielhaft für eine gelungene Stadterneuerung.

Absolutes Highlight auf dem Areal sind die sanierten Mühlen, in denen bis Ende der 1960er-Jahre Getreide gemahlen und zu Mehl verarbeitet wurde. Die Rosiny-Mühle beherbergt heute das Kultur- und Stadthistorische Museum, das mit einer Sammlung von Atlanten und Globen des Geografen Gerhard Mercator (1512–1594) aufwartet. In der von dem renommierten Architekturbüro Herzog & de Meuron umgebauten Küppersmühle zeigt das Museum für moderne Kunst Werke von Künstlern der Gegenwart wie Jörg Immendorf, Gerhard Richter und Anselm Kiefer.

Zeugen der Industriekultur: Das Gastschiff »Thetis« liegt am Kettwiger Stausee vor Anker (oben). Blick auf die Zentralkokerei und das Bergwerk Prosper Haniel in Bottrop (unten). Zeugnis der Avantgarde: das Folkwang Museum (rechts oben). Immer für spannende Installationen gut: der Gasometer Oberhausen (rechts unten).

Vom Schmuddelkind zum Welterbe

Einst war Essen als rußgeschwärzte Hauptstadt der deutschen Schwerindustrie verschrien. Heute kann sich die Ruhr-Metropole mit einem Weltkulturerbe schmücken. Die Zeche Zollverein wurde als herausragendes bauliches Zeugnis des Industriezeitalters 2002 unter UNESCO-Schutz gestellt. Nirgendwo sonst lässt sich die Entwicklung des Ruhrgebiets vom Kohlenpott zur industriell geprägten Kulturlandschaft besser studieren als hier. Statt die Förderanlagen nach der Schließung des letzten Schachts im Jahr 1986 abzureißen, stellte sie das Land Nordrhein-Westfalen unter Denkmalschutz. Heute bietet das Kultur- und Eventzentrum Kreativen aller Sparten eine Bühne.

Im von Norman Foster neu gestalteten Kesselhaus von Schacht XII ist das Design-Zentrum Nordrhein-Westfalen untergebracht, in der ehemaligen Kohlewäsche des Schachts residiert das natur- und kulturhistorische Ruhrmuseum. In der ebenso wie Schacht 1/2/8 zum UNESCO-Welterbe gehörenden Kokerei der Zeche kann man sich im Sommer im Werksschwimmbad und im Winter auf der Eisbahn vergnügen. Ein Denkmalpfad, der im Rahmen von Führungen besichtigt werden kann, bietet Einblicke in die Arbeitswelt der Bergleute.

Den Schacht XII priesen Kritiker 1932 bei der Eröffnung als Wunderwerk der Technik und der Industriearchitektur. Die Backsteingebäude, die Fritz Schupp und Martin Kremmer planten, über-

zeugen durch ihre dem Bauhaus-Stil verpflichtete, funktionale Eleganz. Der Förderturm der Zeche Zollverein ist inzwischen zum Wahrzeichen des Reviers geworden.

Eine Stadt erfindet sich neu

Seit den Anfängen der Industrialisierung hat das »Grubengold« das Bild Bochums geprägt. Im Zuge des großen Zechensterbens traten Kultur und Wissenschaft in den Vordergrund: Das Schauspielhaus, gegründet 1919, gehört zu den wichtigsten Bühnen im deutschsprachigen Raum, die Ruhr-Universität zählt heute zu den zehn größten deutschen Hochschulen.
Die Erinnerung an die Ära des Kohleabbaus wird im Bergbaumuseum wachgehalten. Hier dreht sich alles um die Kohleförderung im Revier und um den Abbau von Bodenschätzen weltweit.
Das in 25 Meter Tiefe angelegte Schaubergwerk ist Bochums größter Publikumsmagnet. In dem Stollensystem erfahren die Besucher alles Wissenswerte über die Arbeit der Bergleute und die Gefahren, denen sie ausgesetzt waren. Dabei kommen auch Presslufthammer, Bohrmaschinen und eine Tunnelfräsmaschine zum Einsatz. Markenzeichen des Museums wie der Stadt ist seit 1973 ein Fördergerüst der Zeche Germania, auf dem eine Aussichtsplattform installiert ist.

Von der Eisenhütten- zur Kunststadt

Auch Oberhausen, einst Zentrum der Eisenverhüttung im Ruhrgebiet, hat in den letzten Jahren durch große Bauprojekte von sich reden gemacht. Der 117 Meter hohe Gasometer der Gutehoffnungshütte wurde Anfang der 1990er-Jahre zu einem Kulturforum umgebaut, das durch seine spektakulären Ausstellungen internationale Bekanntheit erlangt hat. 2020 steht eine Komplettsanierung an, die sich vermutlich ein Jahr hinzieht. Danach werden wieder wie gehabt Konzerte, Theateraufführungen und Lesungen die Ausstellungen ergänzen.
Ein Außenaufzug bringt die Besucher auf das Dach, das einen weitläufigen Blick über das westliche Ruhrgebiet gewährt. In seiner unmittelbaren Nachbarschaft steht mit dem »CentrO« Europas größte Shopping-Mall mit vielen Freizeitangeboten.

TOP ★ ERLEBNISSE

★ INS FOLKWANG

Essen ist seit den 1920er-Jahren ein Anziehungspunkt für avantgardistische Kunst – die Sammlung des Gründers Karl Ernst Osthaus bildet die Grundlage des Folkwang Museums. Heute spiegelt schon das Haus die Moderne: Der Neubau stammt von David Chipperfield. Folkwang-Studenten waren auch beteiligt, den 230 Kilometer langen Ruhrtalradweg mit 17 Kunstwerken auszustatten. Herausgekommen ist viel Witz und Farbe – inzwischen leicht verwittert.

★ ZUM FUSSBALL

Spannendes zu Deutschlands Lieblingssport auf 7000 Quadratmetern – seit 2015 widmet sich das Deutsche Fußballmuseum in fünf Ausstellungsbereichen dem Phänomen, zeigt eine Multivision zur Geschichte der Bundesliga, stellt die Pokale der Nationalelf aus und Spielerpersönlichkeiten vor.

★ NACH FEIERABEND

Ende Juni wird in 22 Städten des Ruhrgebiets zur ExtraSchicht geladen: Zwischen 18 und 2 Uhr verwandeln sich die Zeugnisse der Industriekultur durch Licht- und Pyroinstallationen in magische Orte. Öffentliche Verkehrsmittel und Shuttlebusse bringen die Nachtschwärmer zu 50 Schauplätzen.

Weitere Informationen
www.metropoleruhr.de,
www.ruhr-tourismus.de,
www.museum-folkwang.de,
www.fussballmuseum.de

Liebesbeweise: Schlösser an der Hohenzollernbrücke (oben). Kölns berühmteste Silhouette bilden der Dom und Groß St. Martin (rechts oben). Hoch die Stangen: die gut besuchte Früh-Kölsch-Brauerei (rechts unten).

27 LEBENSFREUDE AM RHEIN – KÖLN

Kirchen, Kunst und Kreative

Obwohl schon beinahe 2000 Jahre alt, zählt Köln zu den vitalsten Metropolen des Landes. Als ein Zentrum moderner Kunst wie als Medienstandort genießt die Domstadt auch international einen ausgezeichneten Ruf. Im weltoffenen und liberalen Klima der Millionenstadt am Rhein hat sich eine bunte, experimentierfreudige Kreativszene entwickelt.

Die Vergangenheit ist in Köln auf Schritt und Tritt präsent. Noch bis heute geraten in dieser Stadt Bauprojekte ins Stocken, weil man auf bauliche Überreste aus der Römerzeit oder aus dem Mittelalter stößt. Gleich zwölf romanische Kirchen – jede für sich ein Meisterwerk der Sakralarchitektur – künden von der Bedeutung der Domstadt für die damalige Welt. War sie im Hochmittelalter sogar eine Zeit lang die größte deutsche Stadt mit rund 40 000 Einwohnern, sank ihr Stern im Zuge der Reformation. Reisende berichteten von Misswirtschaft und Korruption. Mit Napoleon und den Preußen, die die einstige freie Reichsstadt im Jahr 1815 besetzten und zu einem regelrechten Bollwerk gegen die Franzosen ausbauten, wendete sich erneut das Blatt. Köln öffnete sich gegenüber der modernen Welt.

Während des Zweiten Weltkriegs legten Bombenangriffe die Stadt zu mehr als 90 Prozent in Schutt und Asche. Die Bausünden des raschen Wiederaufbaus von damals sind nicht zu übersehen. Heute leben rund eine Million Menschen in Köln.

Himmelstürmende Gotik

Die Anfänge der Hohen Domkirche St. Petrus, wie der Dom offiziell heißt, gehen auf Friedrich Barbarossa und einen Raub zurück. Bei der Einnahme Mailands im Jahr 1162 erbeutete der Kaiser die Reliquien der Heiligen Drei Könige und machte sie seinem Kanzler, dem Kölner Erzbischof Reinald von Dassel (1114/1120–1167), zum Geschenk. Vermutlich um 1164 nach Köln überführt, lösten die Gebeine dort schon bald einen wahren Pilgeransturm aus. Bereits zu Be-

früh
ESPRIT

Die Rheinwiesen zwischen Altstadt und Fluss sind ein beliebtes Erholungsgebiet.

ginn des 13. Jahrhunderts wurden deshalb Forderungen nach einem Abriss des zu klein gewordenen romanischen Doms und nach einer neuen Kirche laut: Größer, prächtiger als selbst die französischen Kathedralen sollte sie sein. 1248 feierte man die Grundsteinlegung.
Rund 300 Jahre später stoppten die Bauarbeiten, vermutlich aus Geldmangel und wegen fehlenden Engagements. Über Jahrhunderte prägte der Dom als Bauruine das Stadtbild. Erst im Zuge der nationalromantischen Mittelalterbegeisterung des 19. Jahrhunderts erwachte das Interesse an der Kathedrale neu. Selbst die preußischen Könige machten sich für ihre Fertigstellung nach alten Plänen stark. 1880 war es dann so weit: 632 Jahre nach Baubeginn konnte die Vollendung des Kölner Doms gefeiert werden.
Trotz der komplexen Baugeschichte verkörpert der Kölner Dom den himmelwärts stürmenden Stilwillen der Gotik auf vollkommene Weise. Nicht nur die beiden 157 Meter hohen Türme der Basilika, praktisch jedes Bauteil und der komplette Fassadenschmuck weisen nach oben. Die ganze Schwere romanischer Bauten hat sich hier in filigrane Strebewerke, Spitzbogenfenster, Pfeiler und Türmchen aufgelöst.
Im Inneren empfängt den Besucher ein fünfschiffiger Kirchenraum von schwindelerregender Höhe. Fast scheint es so, als sollten die Kreuzrippengewölbe des Mittelschiffs gegen den Himmel stoßen. Die Fenster, die insgesamt eine Fläche von 10 000 Quadratmetern einnehmen, verleihen dem Raum zusätzlich Weite. Jedes Fenster für sich ist ein Meisterwerk der Glasmalerei. Das älteste, das Bibelfenster der Dreikönigenkapelle, ist bereits um 1260 entstanden. Das jüngste, eine abstrakte Komposition aus 11263 farbigen Steinen von Gerhard Richter, schmückt seit 2007 das Südportal des Querhauses.
Unter den kostbaren Kunstschätzen des Doms sticht der Dreikönigenschrein, der in einer Vitrine im Chor ausgestellt ist, heraus. Das im späten 12. Jahrhunderts entstandene, Nikolaus von Verdun zugeschriebene Reliquiar zählt zu den bedeutendsten Goldschmiedearbeiten des Mittelalters. Es stellt eine dreischiffige Basilika dar und ist mit 74 Figuren, mit Edelsteinen, Perlen und Kameen besetzt.

In einer Kapelle an der Nordseite des Chorumgangs hängt, eingerahmt von barockem Dekor, das Gerokreuz, eine überlebensgroße Skulptur aus Eichenholz und eine der ganz frühen Darstellungen des sterbenden Christus. Das Kreuz wurde im 10. Jahrhundert geschaffen und vom Kölner Erzbischof Gero gestiftet. Die Marienkapelle an der Südseite des Chorumgangs birgt den berühmten Dreikönigsaltar von Stephan Lochner (um 1400–1451). Seit 1996 gehört der gotische Gigant zum UNESCO-Welterbe.

Straßenkunst und Hochkultur

Auf der Domplatte, wie der Platz um die Kathedrale genannt wird, herrscht fast das ganze Jahr über Hochbetrieb. Straßenmusiker, Gaukler, Pflastermaler und andere Kleinkünstler nutzen ihn als Bühne vor einem internationalen Publikum. Immerhin sechs Millionen Touristen zieht es jedes Jahr an den Dom, die meistbesuchte Sehenswürdigkeit Deutschlands.

Im Schatten der Kathedrale sind zwei der populärsten Museen Deutschlands entstanden. Das Römisch-Germanische Museum wurde zu Beginn der 1970er-Jahre an der Stelle errichtet, wo Bauarbeiter 1941 beim Ausheben eines Luftschutzkellers auf das Dionysosmosaik stießen. Es gehörte zu einem römischen Wohnhaus und bildet heute zusammen mit dem Poblicius-Grabmal das Herzstück des Museums. In den Ausstellungsräumen werden aber nicht nur archäologische Funde aus der Römerzeit, sondern auch aus der Frühgeschichte und dem frühen Mittelalter gezeigt.

Südöstlich des Doms fällt der futuristische Bau des Museums Ludwig mit seiner zinkverkleideten Sägezahndachkonstruktion ins Auge. Das Museum beherbergt eine der weltweit bedeutendsten Sammlungen zur Kunst der Klassischen Moderne und der Gegenwart. Vom Expressionismus über die abstrakte Malerei der russischen Avantgarde, dem Surrealismus und dem Bauhaus bis hin zu Fluxus, Pop-Art, Concept und Minimal Art: Jede der innovativen Kunstbewegungen des 20. Jahrhunderts ist hier mit wenigstens einem Meisterwerk ihrer prominentesten Protagonisten vertreten. August Mackes Dame in grüner Jacke gehört ebenso dazu wie Roy Lichtensteins M-Maybe oder Gerhard Richters Akt auf einer Treppe.

Das Museum ist aus einer Sammlung von Werken der Pop-Art-Kunst, die die Schokoladenfabrikanten Irene und Peter Ludwig 1976 der Stadt Köln schenkten, hervorgegangen. Sie wurde mit den Beständen moderner Kunst des Wallraf-Richartz-Museums zusammengeführt und durch Ankäufe kontinuierlich erweitert. 1993 überließ das Ehe-

Gold und Steine: Ein Kölner Pilgerziel ist der goldene Dreikönigsschrein (oben), ein Kölner Kulturziel das Diözesanmuseum in der kriegszerstörten Kolumba-Kirche (unten).

Unter dem mächtigen Turm von Groß St. Martin genießt man in den Restaurants am Rheingarten in der Altstadt das Leben (unten). Golden glänzen die Dächer des Museums Ludwig vor dem Steingebirge des Doms (rechts oben). Gehört zu Köln wie der Dom und das Kölsch: der Karneval (rechts unten).

paar Ludwig seine umfangreiche Picasso-Kollektion dem Museum, das nun über die weltweit drittgrößte Sammlung von Werken des Maler-Genies verfügt.

Durch die Gassen der Altstadt

Auch wenn die Kölner Altstadt eigentlich das ganze Areal zwischen Ringstraße und Rhein umfasst: Wenn die Kölner von der Altstadt sprechen, meinen sie immer nur das Viertel, das sich südlich des Doms zwischen Rathaus und Flussufer erstreckt. Nicht nur im Karneval herrscht hier fast 24 Stunden am Tag ein munteres Treiben. In den Gassen und an den Plätzen des Viertels stehen die Brauhäuser, Kneipen und Weinstuben dicht an dicht. Die Altstadt gilt als das touristische Vergnügungsviertel Kölns.

Ihr Wahrzeichen ist die Basilika Groß St. Martin, eine der zwölf romanischen Kirchen der Stadt. Bis heute dominiert der mächtige, von schlanken Ecktürmchen eingefasste Vierungsturm des 1172 geweihten Gotteshauses das Rheinufer südlich der Hohenzollernbrücke. Hinter der Kirche liegt der sich zum Fluss hin öffnende Fischmarkt, für viele Kölns schönster Platz. Im Westen säumen ihn schmale, in hellen Pastelltönen leuchtende Giebelhäuser.

Am Stapelhaus erinnern nur noch ein Treppenturm und der Name an seine einstige Funktion. Das historische Gebäude wurde während des Zweiten Weltkriegs zerstört und in den 1960er-Jahren durch einen Neubau ersetzt. Bis zur Aufhebung des Stapelrechts im Jahr 1815 mussten Händler, die auf dem Rhein reisten, in den Stapelhäusern ihre Waren lagern und zum Kauf anbieten oder aber Stapelgeld zahlen. Köln besaß dieses Privileg seit 1259 und verdankte ihm einen Gutteil seines Reichtums. Heute trifft sich in den Sommermonaten ein bunt gemischtes Publikum in den vielen Outdoor-Restaurants am Fischmarkt.

Das im Herzen der Innenstadt am Alten Markt gelegene Rathaus zieht dank seiner Renaissancelaube und des Glockenspiels, das viermal am Tag erklingt, die Besucher an. Unter dem im Zweiten Weltkrieg zerstörten und durch ein funktionales Gebäude ersetzten sogenannten »Spanischen Bau« wurden die Überreste eines Prätoriums entdeckt. Die Fundamente des Prachtgebäudes, in dem einst der Statthalter der römischen Provinz Germania inferior residierte, sind durch eine Betondecke gesichert und können besichtigt werden. Vom Prätorium aus gelangt man auch zu einem begehbaren römischen Kanal, durch den einst Abwasser in den Rhein flossen.

In der archäologischen Zone am Rathausplatz legen Grabungen die Überreste der mittelalterlichen jüdischen Siedlung frei. Bis zum Pogrom des Jahres 1349 war in Köln die größte jüdische Gemeinde nördlich der Alpen ansässig. In nicht allzu ferner Zukunft soll hier ein jüdisches Museum entstehen.

Im Süden wird der Rathausplatz durch den 2001 eröffneten Neubau des Wallraf-Richartz-Museums abgeschlossen. Der hermetisch wirkende Kubus aus hellem Tuffstein ist ein Entwurf des Kölner Architekten Oswald Mathias Ungers (1926–2007). Die Bestände des Museums decken alle Epochen der europäischen Kunstentwicklung vom Mittelalter bis zum 19. Jahrhundert ab. Die Sammlung mittelalterlicher Meister mit Werken der berühmten Kölner Malerschule um Stephan Lochner gilt als bedeutendste der Welt. Dank einer »ewigen Leihgabe« Gérard Corbouds verfügt das Museum außerdem über die umfangreichste Kollektion impressionistischer Gemälde in Deutschland.

Glitzerpassagen und Andachtsräume

Kölns pulsierendes Geschäftszentrum, das sich westlich der Altstadt bis zum Hohenzollernring erstreckt, wartet mit Shopping-Passagen, originellen Läden, Kunst im öffentlichen Raum und einigen spektakulären Beispielen moderner Architektur auf. Das Kolumba, der 2007 eröffnete Neubau des Diözesanmuseums, ist ein Meisterwerk des Pritzker-Preisträgers Peter Zumthor (geb. 1943). Es erhebt sich als eleganter, fast monolithischer Baukörper aus grauem Backstein auf den Mauerresten von St. Kolumba. Die um 980 gebaute romanische Kirche stand nach 1945 in Trümmern. Die zwischen 1947 und 1950 hineingesetzte Marienkapelle des Kölner Architekten Gottfried Böhm gab der Erinnerung an die Zerstörungen des Weltkriegs Raum. Die Ausstellungen des Diözesanmuseums spannen einen weiten Bogen von der mittelalterlichen bis zur zeitgenössischen Sakralkunst.

TOP ★ ERLEBNISSE

★ DAS BIER

Viele deutsche Orte haben regionale Biersorten, Kölsch gibt es nur in Köln. Das obergärige, helle Vollbier mit einem durchschnittlichen Alkoholgehalt von 4,8 Prozent wird traditionell in schmalen 0,2-Liter-Gläsern abgefüllt – so lange, bis man dem servierenden »Köbes« ein deutliches Zeichen gibt. Dazu schmecken »Halver Hahn«, das Roggenbrötchen mit Käse, oder »Himmel un Äd«, Kartoffel-Apfel-Stampf mit Blutwurst. Traditionelle Brauhäuser sind das Früh am Dom, die Malzmühle am Heumarkt oder das Päffgen in der Friesenstraße.

★ DER BLICK

Die schönste Sicht aufs linksrheinische Ensemble von Dom, Altstadt mit Groß St. Martin und Hohenzollernbrücke bietet sich vom Deutzer Ufer aus. Dem Blick-Bedarf sind die Stadtplaner vor Kurzem mit der 500 Meter langen Freitreppe nachgekommen – bis zu 10000 Menschen können zeitgleich schauen. Den oberen Abschluss der Treppe bildet der 2016 fertiggestellte Rheinboulevard, auch er preisgekrönt.

Weitere Informationen
www.koeln.de,
www.koelner-dom.de,
www.museum.ludwig.de

Das Herz des Aachener Doms ist das um das Jahr 800 errichtete Oktogon (unten). Ein weiteres Markenzeichen Aachens sind die Printen (rechts oben). Die Carolus-Thermen stehen in Aachens Badetradition (rechts unten).

28 HEILBAD DER RÖMER – AACHEN

Karls »neues Rom«

Untrennbar ist Aachen, die Stadt im Dreiländereck von Deutschland, Belgien und den Niederlanden, mit Karl dem Großen verbunden. Der Herrscher, der sich selbst als legitimer Nachfolger der römischen Kaiser sah, wollte aus Aachen ein »neues Rom« machen. In der prächtigen Kapelle seiner Pfalz, aus der der Dom entstand, hat dieser Traum überdauert.

Der erste Eindruck: Aachen wirkt jung. Die fast 38000 Studenten der Rheinisch-Westfälischen Technischen Hochschule mischen das Stadtbild kräftig auf. Touristen aus aller Welt steuern internationales Flair bei. Der Hauptgrund für ihren Besuch in Deutschlands westlichster Großstadt? Natürlich der mächtige Dom, die Reste der mehr als 2000-jährigen Geschichte Aachens – schon um Christi Geburt errichteten die Römer hier ein Heilbad –, beeindruckende Museen und das Rathaus. Es entstand im 14. Jahrhundert an der Stelle eines verfallenen Palastbaus, der Aula Regia, aus karolingischer Zeit. Aus der gleichen Epoche stammt auch der Granusturm.

Das Erbe eines echten Europäers

Es gibt viele Gründe, den Aachener Dom zu besichtigen: Das Gotteshaus birgt die Grablege Karls des Großen, es war zwischen 936 und 1531 die Krönungskirche der deutschen Könige und ist bis heute ein anerkannter Wallfahrtsort. Als Zeugnis europäischer Sakralbaukunst, das über die

Jahrhunderte gewachsen ist und die architektonische Formensprache verschiedener Epochen in sich vereinigt, wurde der Dom 1978 als erstes Bauwerk Deutschlands in die UNESCO-Liste des Weltkulturerbes aufgenommen.
Die um 800 geweihte Pfalzkapelle Karls des Großen, die den Kern des Doms bildet, ist eines der besterhaltensten und beeindruckendsten Baudenkmäler der Karolingerzeit. Der achteckige Zentralraum mit massiven Pfeilern erstreckt sich über zwei Stockwerke und schließt mit einem gewaltigen Klostergewölbe ab, das zur Zeit seiner Entstehung die größte Kuppel nördlich der Alpen war. Das Oktogon ist von einem 16-seitigen Umgang umgeben, dessen Obergeschoss die Empore des Zentralbaus bildet. Auf der Westseite befindet sich der berühmte Kaiserthron, von dem aus Karl der Große die Messe verfolgen konnte. Historiker sind sich einig, dass er mit dem Bau dieses Gotteshauses, das Ravennas byzantinischer Kirche San Vitale nachempfunden ist, einen machtpolitischen Zweck verfolgte. Hier sollte der Mittelpunkt eines erneuerten römischen Reichs liegen.
Dieser zentralistische Gedanke stand vermutlich auch hinter der Überführung der kostbarsten christlichen Reliquienschätze nach Aachen. Die Windeln Jesu, sein Lendentuch, ein Kleid Marias und das Enthauptungstuch Johannes des Täufers ruhen seit Mitte des 13. Jahrhunderts im vergoldeten und mit Edelsteinen verzierten Marienschrein, der zu den bedeutendsten Goldschmiedearbeiten des Mittelalters gehört. Seit 1312 werden die Reliquien alle sieben Jahre den Gläubigen gezeigt. Das Ereignis (das 2021 wieder stattfindet) zieht jedes Mal Tausende von Pilgern an.
Der zwischen 1355 und 1414 errichtete Hallenchor, der einen bescheideneren karolingischen Vorgängerbau ersetzte, ist ein Meisterwerk gotischer Sakralbaukunst. Das »Glashaus von Aachen«, wie er auch genannt wird, besteht scheinbar komplett aus Fenstern. Im Polygon des Chors wird der Karlsschrein aufbewahrt. Die Umbettung des 814 verstorbenen Herrschers hatte Friedrich II. im Jahr 1215 veranlasst.

Museen und Mäzene

Aachen verfügt über einige hervorragende Museen, die auf Stiftungen privater Sammler zurückgehen. Das Suermondt-Ludwig-Museum etwa ist nach seinen größten Mäzenen, dem Bankier Barthold Suermondt und dem Ehepaar Irene und Peter Ludwig, benannt. Es zeigt Gemälde und Skulpturen aus allen Epochen der europäischen Kunstgeschichte sowie feine Goldschmiedekunst. Auch das Ludwig-Forum für moderne Kunst geht auf eine Initiative der Schokoladenfabrikanten Ludwig zurück. Das Ehepaar stiftete fast 3000 Werke zeitgenössischer Kunst für den Aufbau der Sammlung. Dem Couven-Museum, das der Wohnkultur des 18. und 19. Jahrhunderts gewidmet ist, haben die Ludwigs ihre Fliesenkollektion vermacht. Es residiert in einem entzückenden Rokokobau.

TOP ★ ERLEBNISSE

★ ARCHÄOLOGISCHE FENSTER

Das Begriff ist wörtlich zu verstehen: Der Blick durch Aachens Archäologische Fenster bzw. Vitrinen reicht tief in die Geschichte, etwa auf die römische Fußbodenheizung unter dem Dom-Oktogon, auf die karolingischen Fundamente des Rathauses oder auf die Kelten-, Römer- und Mittelalterreste am Elisengarten. Zu den sieben Fenstern im Stadtgebiet sollen weitere hinzukommen.

★ HEISSE QUELLEN

Karl der Große hätte seine Freude daran: Die Carolus-Thermen nutzen die heißen Mineralquellen, die schon den Herrscher vor über 1200 Jahren vom Standort Aachen überzeugten. Fast 1000 Quadratmeter umfasst die Wasserfläche des Thermalbads, verteilt auf acht Pools. Sie alle speist das mineralhaltige Wasser der Rosenquelle.
14 Saunen und Dampfbäder, ein Spa- und Restaurantbereich komplettieren die Anlage. Ein Zeuge der vergangenen Badekultur ist der klassizistische Elisenbrunnen von Karl Friedrich Schinkel aus dem Jahr 1827.

Weitere Informationen
www.aachen.de,
www.carolus-thermen.de

29 KRATER UND WASSER – DIE EIFEL UND DAS AHRTAL

Das stille Land

Lange Zeit lag die Eifel abseits der großen Touristenströme. Das hat sich geändert; vor allem aus der Rhein-Ruhr-Region kommen heute zahlreiche Besucher, um hier zu wandern oder Fahrradtouren zu unternehmen. Dennoch lassen sich in den Naturräumen dieser westdeutschen Mittelgebirgslandschaft noch viele abgeschiedene Orte finden.

Im Osten vom Rhein und im Süden von der Mosel begrenzt, ist die Eifel ein Teil des Rheinischen Schiefergebirges. Richtung Norden geht sie in die Niederrheinische Tiefebene über, während sich im Westen die Ardennen anschließen. Sanft geschwungene und dicht bewaldete Höhenzüge breiten sich scheinbar endlos aus. Zahlreiche Flüsse haben tiefe Täler in das Gebirge gefräst. Das Tal der Ahr, die die Eifel von Westen nach Osten durchschneidet, zählt zu den bedeutendsten deutschen Weinanbaugebieten.

Besonders im Nordwesten der Eifel haben die vielen Talsperren, die seit Beginn des 20. Jahrhunderts angelegt wurden, die Gegend in eine malerische Seenlandschaft verwandelt. Weiter südlich zeugen markante Kegelberge und fast kreisrunde Gewässer, die sogenannten Maarseen, von der vulkanischen Aktivität, die diese Region noch bis vor 10 000 Jahren erschütterte.

Das Bitburger Gutland in der Südeifel ist von der Landwirtschaft geprägt. Die Prüm hat sich hier tief in den Sandstein gegraben und eine wildromantische Flusslandschaft geschaffen.

Geheimnisvolle Maare

Die »Augen der Eifel« werden sie genannt, die fast kreisrunden Maarseen, die das Wahrzeichen des ganzen Gebietes sind. Ihre malerische Lage lässt fast vergessen, dass sie nach gewaltigen Ex-

Das Holzmaar mitten im Wald ist 21 Meter tief (unten). Der Ort Monschau gehört zur Eifel, sein »Rotes Haus« steht direkt über der Rur (rechts oben). Aussichtsreich: Wandern auf dem Rotweinwanderweg Ahr (rechts unten).

plosionen entstanden sind. Aus der Tiefe aufsteigendes Magma sprengte Trichter in die Erde, die sich im Lauf der Zeit mit Wasser füllten. Die meisten Maare sind viele Hunderttausend Jahre alt und mittlerweile verlandet. Der jüngste See, das Ulmener Maar, entstand jedoch erst vor rund 10000 Jahren.
Bis heute kommt die Erde in der Eifel nicht zur Ruhe. Am Laacher See, der eigentlich kein Maar, sondern der Einsturzkrater eines vor rund 11000 Jahren explodierten Vulkans ist, steigen immer noch Kohlendioxidgase auf und bilden blubbernde Blasen.
Seit jeher ist der Laacher See ein Ort der Stille, der Ruhe und der Einkehr. In der waldreichen Umgebung kann man wunderbar entspannen. Die Benediktiner des Klosters Maria Laach bieten stressgeplagten Menschen in ihrem Seehotel Unterkünfte an. Die Abteikirche, eine im 12. Jahrhundert errichtete doppelchörige Basilika, zählt zu den großartigsten romanischen Sakralbauten Deutschlands und wird oft mit den rheinischen Kaiserdomen von Worms, Mainz und Speyer verglichen.

Von künstlichen Paradiesen und echter Wildnis

Die durch enge Täler zerfurchte Nordeifel ist das Gebiet mit der größten Talsperrendichte Europas. Nirgendwo sonst auf dem Kontinent wurden so viele Flüsse zu künstlichen Seen aufgestaut. Zusammen mit der Urfttalsperre bildet die Rurtalsperre in der Nähe von Heimbach heute das Zentrum einer idyllischen, naturnahen Urlaubsregion. Die Rur, ein Nebenfluss der Maas, der die Eifel von Süden nach Norden durchfließt, wurde hier auf einer Länge von zehn Kilometern in einen weitverzweigten, von dicht bewaldeten Höhenzügen umrahmten See verwandelt. Es entstand ein wahres Paradies für Wassersportler und Naturliebhaber.
Am Kermeter, einem bis auf 527 Meter aufragenden Höhenzug im Osten des Rurstausees, lässt sich die Entstehung einer neuen Wildnis bestaunen. Lange wurden die dichten Wälder des Gebiets wirtschaftlich genutzt und die Ahorn-, Buchen- und Eichenbestände hat man vielerorts durch Nadelhölzer ersetzt. Doch seit der Einrichtung des Nationalparks Eifel, zu dem der Kermeter gehört, hat die Natur wie-der die Chance, sich das Gebiet zurückzuerobern. Langsam wächst ein Urwald heran, den man bereits heute auf ausgewiesenen Wanderwegen durchstreifen kann. An den schattigen Nordhängen des Kermeter breitet sich bis zu 200 Jahre alter Buchenwald aus, während an den trockeneren Südhängen Eichenwälder vorherrschen.

TOP ★ ERLEBNISSE

★ ROTWEINWANDERWEG AHRTAL

An der Ahr zeigt sich die oft spröde und regenreiche Eifel von ihrer sonnigen, romantischen Seite. Seit alters her wird am Mittel- und am Unterlauf des Flusses Weinbau betrieben. An den Hängen des engen Tals, das die Ahr hier gegraben hat, gedeihen feurige Spätburgunder besonders gut. Auf fast 85 Prozent der Anbauflächen wachsen rote Rebsorten, der Blaue Spätburgunder macht fast zwei Drittel aus.
Zwischen Altenahr und Bad Bodendorf führt der 35 Kilometer lange Rotweinwanderweg durch das Weinbaugebiet. Nicht nur die Weinberge und -güter, sondern auch die grandiosen Aussichtspunkte machen ihn so beliebt. Die Straußwirtschaften an der Strecke sind ein fester Bestandteil der regionalen Kultur. Hier bieten Winzer vier Monate im Jahr, oft in Weinkellern, Hinterhöfen oder ihrer guten Stube, selbst erzeugte Weine und Hausmannskost an.

Weitere Informationen
www.nationalpark-eifel.de,
www.rotweinwanderweg.de

30 HISTORIE MIT FLAIR – TRIER UND DAS MOSELTAL

Unvergleichliche Flusslandschaft

Dass bereits die Römer das Moseltal zu schätzen wussten, zeigen die großartigen Bauwerke, die sie in Trier hinterließen. Um 371 schrieb der Dichter Decimius Ausonius eine Hymne auf das liebliche Flusstal und rühmte seine »weintragenden Höhen, wo Bacchus schön duftenden Wein reifen lässt«. Eine Begeisterung, die Reisende aus aller Welt bis heute teilen.

Die römische Porta Nigra ist das Wahrzeichen Triers (unten). Bei Kröv macht die Mosel eine Schleife (rechts oben). Der Hauptmarkt ist das Zentrum der Stadt (rechts unten).

Gleichgültig, ob man es per Schiff, per Auto oder auf Schusters Rappen erkundet: Das Moseltal ist aus jeder Perspektive schön. Den Römern, die Trier zu einer Residenzstadt ausbauten, folgten im Mittelalter die Ritter, die auf den Höhen zahlreiche Burgen wie die Burg Eltz und die Ehrenburg errichteten. Die Region ist Weinanbaugebiet und uraltes Kulturland. Die traditionsreichen Winzerorte entlang des Flusses sind für ihre Gastfreundschaft bekannt.

Römische Einrichtungen

Wie in keiner anderen deutschen Stadt ist in Trier das Erbe der Römer präsent. Nirgendwo sonst im Land finden sich so viele gut erhaltene römische Baudenkmäler auf so engem Raum. Die berühmte Porta Nigra, die Konstantinsbasilika, die Thermen und das Amphitheater bezeugen die immense Bedeutung, die die Stadt im Römischen Reich besaß. Trier, das für sich beansprucht, die älteste Stadt auf deutschem Boden zu sein, wurde vermutlich

um 18/17 v. Chr. zur Zeit des Kaisers Augustus (reg. 30 v. Chr.–14 n. Chr.) gegründet. Die Ruinen römischer Freizeiteinrichtungen wie die heute durch einen Glasbau geschützten Thermen am Viehmarkt oder das Amphitheater belegen, dass Trier bereits gegen Ende des 1. Jahrhunderts eine blühende Stadt gewesen sein muss.

Die Porta Nigra, eines des besterhaltenen Stadttore der antiken Welt und das Wahrzeichen der Stadt, entstand vermutlich um 180 n. Chr. als Teil einer neuen Stadtbefestigung. Auch nach fast 2000 Jahren wirkt diese mächtige, 30 Meter hohe, 36 Meter breite und 21 Meter tiefe Doppeltoranlage beeindruckend und einschüchternd zugleich. Historiker vermuten, dass sie sichtbares Zeichen städtischen Wohlstands sein sollte. Die vermutlich gleichfalls im 2. Jahrhundert entstandenen Barbarathermen belegen diese These. Die zur Zeit ihrer Entstehung zweitgrößte Wellness-Oase des Römischen Reichs zeugt vom gewachsenen politischen Gewicht und der enormen Wirtschaftskraft der Stadt Augusta Treverorum, aus der später Trier hervorging.

In den Wirren der Spätantike stieg Trier sogar zu einem Zentrum der römischen Welt auf. Constantius Chlorus (reg. 293–306) regierte von hier aus den Westteil des Reichs. Unter seiner Ägide sind vermutlich die Kaiserthermen entstanden. Sein Sohn Konstantin der Große (272–337) ließ, bevor er die Alleinherrschaft über das Imperium an sich riss und die Kapitale kurzerhand nach Byzanz verlegte, in Trier eine riesige Palastaula mit Thronsaal errichten. Die Konstantinsbasilika, übrigens der größte erhaltene Einzelraum der antiken Welt, wird seit Mitte des 19. Jahrhunderts als Kirche genutzt und zählt heute zu den touristischen Hauptattraktionen der Stadt. Auch der romanische Dom, genau wie die Römerbauten Teil des UNESCO-Welterbes Trier, gehört zum Pflichtprogramm für alle Besucher. Er wurde ab dem frühen 4. Jahrhundert über einem römischen Palast errichtet und ist die älteste Bischofskirche Deutschlands.

Die Märchenburg Eltz

Bei Münstermaifeld ragt in einem Waldgebiet, auf einem Felssporn thronend, eine Burg wie aus dem Bilderbuch auf. Angesichts der vielen Aufbauten, Türmchen und Erker ist man fast versucht anzunehmen, dass sie eine Schöpfung des romantisierenden 19. Jahrhunderts ist. Tatsächlich aber ist die Burg Eltz schon mehr als 800 Jahre alt und seit 33 Generationen in Familienbesitz. Ihr romantischer Look rührt daher, dass sie über die Jahrhunderte von mehreren Linien der Familie Eltz bewohnt und auch gemeinschaftlich vererbt wurde. Da jede Linie über Generationen das Recht für sich in Anspruch nahm, sich ein eigenes Domizil auf dem Burggelände zu errichten, zeigt sich Burg Eltz heute als Wunderwerk miteinander verschachtelter Wohntürme. Sie befindet sich in Privatbesitz, kann aber besichtigt werden.

TOP ★ ERLEBNISSE

★ WANDERN AM ABGRUND

Ein Höhepunkt, der Todesangst heißt? Nicht ganz zu unrecht angesichts dieser Weinbaulage. Am Calmont-Klettersteig markiert die Bremmer Todesangst fast schon das Ende eines etwa drei Kilometer langen Weges, der sich entlang der steilsten Weinbauflanke Deutschlands schlängelt. Die Hänge am calidus mons, dem »warmen Berg«, steigen bis zu 70 Grad steil an auf mehr als 300 Meter Höhe. Unterwegs eröffnen sich herrliche Ausblicke auf die Moselschleife.

★ FEIERN WIE DIE RÖMER

Ende Mai versammeln sich Triers Römer und alle, die es werden wollen, in den Kaiserthermen und spüren der Antike nach. Legionäre, Händler und Handwerker machen am originalen Schauplatz für zwei Tage den antiken Alltag beim Römerfest lebendig.

★ GENIESSEN BEIM WINZER

Die Gerichte sind einfach, der gereichte Wein oft ein Genuss: Die Straußwirtschaften an der Mosel bringen oft auf einer sonnigen Terrasse oder im kühlen Gewölbekeller ihre eigenen Erzeugnisse direkt an die Kunden. Eine wichtige Bedingung: Sie dürfen nur vier Monate im Jahr geöffnet haben.

Weitere Informationen
www.trier.de,
www.zentrum-der-antike.de,
www.mosel-strausswirtschaften.de

31 BETÖRENDE LORELEY – DAS MITTLERE RHEINTAL

Die Romantik lässt grüßen

Den Reiz des oberen Mittelrheintals zwischen Bingen und Koblenz entdeckten schon die Romantiker: Die Begeisterung von Friedrich Schlegel oder Clemens von Brentano, zahlreiche Reiseberichte und idealisierende Landschaftsbilder setzten eine erste Reisewelle in Gang. Seit dem Jahr 2002 steht der 67 Kilometer lange Rheinabschnitt mit seinen 40 Burgen auf der UNESCO-Welterbeliste.

Das Mittelrheintal erkunden: vom Schloss Sayn (rechts oben) über die Loreley (rechts unten) bis Bacharach mit der Burg Stahleck (unten).

Eine Schifffahrt auf dem Rhein steckt voller Überraschungen: Hinter Bingen auf dem linken und Rüdesheim am rechten Ufer tritt der Fluss in das Rheinische Schiefergebirge ein und windet sich durch ein enges Tal. Seit Römerzeiten wird an den steilen, sonnigen Hängen Weinbau betrieben. Hinter jeder Flussbiegung tauchen Burg- und Festungsruinen auf, die Wahrzeichen des Rheintals. Ab dem 11. Jahrhundert als Zollburgen errichtet, die den Schiffsverkehr auf dem Rhein überwachen sollten, bezeugen sie die Bedeutung des Flusses als Handelsweg. Beiderseits des Rheins haben sich schmucke Winzerorte entwickelt.

Legenden am Flusslauf

Nicht nur die Burgruinen in luftiger Höhe, auch die traditionsreichen Städte des Mittelrheintals hatten es den Romantikern zu Beginn des 19. Jahrhunderts angetan. Wo einst Maler ihre Skizzen anfertigten, zücken heute Touristen die Kameras und halten die romantischen Ecken und Ansichten im Bild fest.

Gleich dort, wo der Rhein in das Rheinische Schiefergebirge eintritt, ragt bei Bingen auf einer Insel mitten im Fluss der Mäuseturm auf. Um diesen Turm, der von dem hartherzigen Mainzer Bischof Hatto II. (gest. 970) gebaut wurde, rankt sich eine Schauergeschichte: Weil er seine Kornkammern

trotz einer Hungersnot verschlossen hielt, soll Hatto hier gefangen gehalten und bei lebendigem Leib von Mäusen gefressen worden sein.
Einige Kilometer stromabwärts ist Bacharach der vielleicht romantischste Ort am Mittelrhein. Seine malerische Lage unterhalb der Burg Wahleck entzückte schon Victor Hugo, der Bacharach »eine der schönsten Städte der Welt« nannte. Bis heute ist der mittelalterliche Ortskern von einer begehbaren Mauer umgeben. Fachwerkbauten und die Ruine der gotischen Wernerkapelle oberhalb von Bacharach tragen zum romantischen Flair bei.
Das rechtsrheinische Städtchen Kaub bildet mit der über den Weinbergen aufragenden Burg Gutenfels die Kulisse für die gedrungene Burg Pfalzgrafenstein. Die Zollstation, die Ludwig der Bayer im 14. Jahrhundert auf einer Insel im Rhein errichten ließ, gilt bis heute als ein Symbol der Rheinromantik.
Südlich von Boppard, das den Beinamen »Nizza am Rhein« trägt, lenken die »Feindlichen Brüder«, zwei nebeneinanderliegende Ruinen, die Blicke auf sich. Die Burgen Sterrenberg und Liebenstein gehörten zwei Brüdern, die dieselbe Frau verehrten. Heinrich Heine (1797–1856) widmete der Liebesgeschichte mit tragischem Ausgang ein Gedicht in seinem Buch der Lieder.

Mythos Loreley

Eigentlich wirkt der 132 Meter hohe, nur spärlich bewachsene Schieferfelsen bei Rheinkilometer 555 aus der Nähe betrachtet gar nicht so überwältigend. Dennoch steht er im Ranking der touristischen Hauptattraktionen Deutschlands ganz weit oben. Die Geschichte von der schönen Tochter des Vaters Rhein, die auf der Loreley sitzend durch ihren sirenenhaften Gesang die Schiffer betört und vom Kurs abkommen lässt, hat ihn weltberühmt gemacht. Mittlerweile ist das »Märchen aus uralten Zeiten«, wie es in Heinrich Heines Gedicht Lied von der Loreley heißt, sogar den asiatischen Touristen ein Begriff.
Das Besucherzentrum auf dem Felsplateau erklärt, dass die Loreley ein bis heute von Schiffern gefürchteter Ort ist, dessen Gefährlichkeit mit den Strömungsverhältnissen im Fluss zusammenhängt. Die berüchtigten Riffe sind zwar beseitigt, der Rhein fließt hier aber, da er sich stark verengt, so schnell, dass es immer wieder zu Schiffsunglücken kommt.

TOP ★ ERLEBNISSE

★ TURNER-ROUTE

Er gilt als einer der Väter der Rheinromantik: William Turner. Der englische Maler bereiste mehrfach den Rhein und fand in den alten Burgen, den Hängen voller Rebstöcken und den wechselnden Lichtstimmungen ideale Motive – viele seiner Standorte lassen sich heute noch leicht ausmachen. Die William-Turner-Route zeichnet den Weg des Romantikers anhand von 26 Bronzeplatten nach – noch ist der von einer fantastischen Internetaufbereitung begleitete Prozess im Gang; eine Ergänzung zum rechtsrheinischen Rheinsteig und dem Rheinburgenwanderweg zwischen Bingen und Remagen-Rolandseck.

★ WEIN-WELT

In der aufgelassenen Rüdesheimer Brennerei, wo früher »der Geist des Weines« schwappte, hat sich nach aufwendigem Umbau 2015 ein bislang einmaliges Projekt der deutschen Weinlandschaft etabliert: 76 Winzer, manche jung und aufstrebend, manche lang etabliert, bieten in großen, begehbaren Wein-Lagertanks ihre Erzeugnisse zur Verkostung an.

Weitere Informationen
www.welterbe-oberes-mittelrheintal.de,
www.turner-route.de,
www.rheinweinwelt.de

Kontraste beleben das Stadtbild: zum einen der Rathausplatz auf dem Römerberg (oben), zum anderen die Skyline mit einigen der höchsten Bürogebäude Europas (rechts).

32 FACHWERK UND FINANZTÜRME – FRANKFURT

Skyline-City »Mainhattan«

Die Mainmetropole hat viele Facetten: Ihre Hochhäuser formen die einzige echte Skyline Deutschlands, ein Wahrzeichen für das Finanzzentrum von Weltrang. Am Römerberg wird Frankfurts Vergangenheit als Schauplatz von Kaiserkrönungen und Tagungsort des ersten frei gewählten deutschen Parlaments sichtbar. Und die Kultur- und Theaterszene genießen Bewohner und Besucher gleichermaßen.

Frankfurt, lange als »Krankfurt« verschrien, zählt mittlerweile zu den attraktivsten deutschen Großstädten. Viele Bausünden der Nachkriegszeit wurden korrigiert. Im Schatten der Bankentürme hat sich die Innenstadt in eine glitzernde, internationale City verwandelt. Fast ein Drittel der rund 747 000 Einwohner Frankfurts besitzt einen ausländischen Pass und trägt so wesentlich zur Weltstadt-Atmosphäre von »Mainhattan« bei.

Rund um den Römerberg

In der »kleinsten Metropole der Welt«, wie die Frankfurter ihre Stadt liebevoll nennen, liegen die meisten Highlights nahe beieinander. Als Ausgangspunkt für eine Erkundung bietet sich der Römerberg, das Herz des alten Frankfurts, an. Lange Zeit war der im Zweiten Weltkrieg zerstörte Platz recht trübselig, nachdem die Fachwerkgiebelbauten an der Ostseite nach alten Vorlagen wiedererstanden, gilt er als Frankfurts »gute Stube« – erst recht, seit das Altstadt-Zentrum 2016 bis 2018 spektakulär rekonstruiert wurde.

Die fünf Treppengiebelbauten des Rathauses wurden allerdings schon in den 1950er-Jahren wieder aufgebaut. Der Römer, wie das Rathaus heißt, blickt auf eine 600-jährige Geschichte zurück. Über die Jahrhunderte wurde das Ratsgebäude mehrmals durch den Kauf von Nachbarhäusern erweitert. Erst an der Wende zum 20. Jahrhun-

Helaba

Im Handelssaal der Frankfurter Börse werden jährlich Billionen Euro umgesetzt (oben). Gemächlicher geht es in der Bibliothek im Goethehaus zu (unten). Von der Long Island Summer Lounge hat man einen großartigen Blick auf das Bankenviertel (rechts). Zum Gemalten Haus heißt die Apfelweinwirtschaft hinter dem Glasfenster – eine der ältesten in Frankfurt (rechts unten).

dert erhielt die zum Römerberg ausgerichtete Häuserzeile eine neugotische Fassade und einen Balkon.

Die gotische Alte Nikolaikirche an der Südseite des Römerbergs ist einer der wenigen original erhaltenen Bauten in der Altstadt. Ihr heutiges Erscheinungsbild erhielt sie bereits im 15. Jahrhundert. Rund um den Römerberg finden sich bedeutende Bauwerke der deutschen Geschichte.

Wenige Schritte sind es bis zur Paulskirche auf dem gleichnamigen Platz. In der Kirche tagte zwischen Mai 1848 und Mai 1849 die Frankfurter Nationalversammlung, das erste frei gewählte deutsche Parlament. Auch wenn ihm kein Erfolg beschieden war, gilt die Paulskirche seitdem als Symbol der Demokratie. Bis 1944 diente der 1789 bis 1833 errichtete klassizistische Bau als evangelische Hauptkirche Frankfurts. Seit seinem Wiederaufbau finden in dem ehedem größten und modernsten Saal Frankfurts Gedenkfeiern und Festveranstaltungen statt, etwa die Verleihung des Friedenspreises des Deutschen Buchhandels.

Hinter den Giebelhäusern an der Ostseite des Platzes ragt der massive Turm des Doms St. Bartholomäus auf. In dem Gotteshaus wurden zwischen 1562 und 1792 verschiedene Kaiser des Heiligen Römischen Reichs Deutscher Nation gewählt und gekrönt. Der Archäologische Garten vor dem Dom zeigt die ausgegrabenen Überreste einer römischen Siedlung und einer mittelalterlichen Pfalz. 2016 feierte man die Eröffnung des »Stadthauses am Markt«, das über dem nun vor Wind und Wetter geschützten archäologischen Garten errichtet wurde. Im Süden begrenzt der lang gestreckte Bau der Kunsthalle Schirn den Domplatz.

Museen auf Schritt und Tritt

Die einzigartige Museumsmeile in Frankfurt-Sachsenhausen zieht sich am südlichen Mainufer vom Eisernen Steg bis zur Friedensbrücke hin. An wohl keinem anderen Ort in Deutschland gibt es eine solche Vielfalt an Sammlungen auf so engem Raum. Die Bandbreite reicht vom Ikonenmuseum und dem Museum für Angewandte Kunst über das Weltkulturen-Museum und das Film- sowie das Architekturmuseum bis hin zu einem Skulpturen- und einem Regionalmuseum. Im Museum für Kommunikation kann man sich einen Überblick über die Geschichte der Nachrichtentechnik verschaffen. Das Städel, eines der bedeutendsten deutschen Kunstmuseen, bildet das Herz des Museumsufers. Es residiert in einem prunkvollen Neorenaissancebau des 19. Jahrhunderts, der zu Beginn der 1990er-Jahre sowie ab 2010 erweitert

wurde. Die Sammlung erfasst das ganze Spektrum der europäischen Kunstentwicklung vom Mittelalter bis in die Gegenwart.
Das Konzept für die Kulturmeile wurde von Peter Behrens, einem renommierten Stadtplaner, entwickelt und in den 1980er-Jahren umgesetzt. Für den Aus- und Umbau der repräsentativen Villen, in denen die meisten Museen residieren, konnten namhafte Architekten gewonnen werden. Der Neubau des Museums für Kommunikation ist ein Entwurf des Stuttgarter Architekturbüros Behnisch & Partner.

Goethe, Oper, Ebbelwoi

In Frankfurt sind Kultur und Kommerz nicht weit voneinander entfernt. Ein Besuch im Goethehaus lässt sich leicht mit einer Besichtigung der Börse oder einem Abstecher zur Alten Oper verbinden. Bis heute gehört das spätbarocke Gebäude am Großen Hirschgraben, in dem am 28. August 1749 Johann Wolfgang Goethe das Licht der Welt erblickte, zu Frankfurts Hauptattraktionen. Obwohl es nach den Kriegszerstörungen rekonstruiert wurde, kann man hier doch einen guten Eindruck von den Lebensverhältnissen im Hause Goethe gewinnen. Die Einrichtung wurde anhand der historischen Quellen nachgebaut. Über den Goetheplatz geht es zum historischen Börsengebäude, einem Neorenaissancepalast, der zwischen 1874 und 1879 entstand. Wer von der Besuchergalerie aus den Parketthandel beobachten möchte, muss sich einen Tag vorher anmelden. Seit ihrer Wiedereröffnung im Jahr 1981 ist auch die Alte Oper ein Wahrzeichen des neuen Frankfurt. Der Wiederaufbau des zwischen 1873 und 1880 errichteten, im Zweiten Weltkrieg stark zerstörten Prachtbaus leitete eine neue Phase der Stadtentwicklung ein. Es wird allerdings nicht mehr als Opernhaus, sondern als Konzert- und Kongresszentrum und sogar Talkshowbühne genutzt.
Was wäre eine Frankfurt-Tour ohne einen Abstecher nach Alt-Sachsenhausen, dem legendären Kneipenviertel hinter dem Deutschherrnufer an der südlichen Mainseite? Mehr als 120 »Ebbelwoi-Wertschafte«, wie der Frankfurter sagt, Weinstuben, Klubs und Bars soll es in dem Viertel geben. Die Straßenlokale vor den romantischen Fachwerkhäusern in der Kleinen und Großen - Rittergasse, in der Klapper- und der Paradiesgasse sind an warmen Tagen bis tief in die Nacht gut besetzt. Die Gäste lassen es sich dann bei einem »Schöppche« Apfelwein und Handkäs gut gehen.

TOP ★ ERLEBNISSE

★ BLITZBLANK SANIERT

Neue Altstadt klingt sinnlos – außerhalb von Frankfurt. Dort sanierte und baute man auf dem 7000 Quadratmeter großen Areal zwischen Römerberg, Domplatz, Schirn und Braubachstraße eine neue Version der 1944 zerbombten Fachwerkstadt unter dem Namen Dom-Römer. Insgesamt entstanden 35 Neubauten, darunter 15 Rekonstruktionen; eine der aufwendigsten betraf das Haus Zur goldenen Waage von 1619. Geführte Rundgänge erklären in 90 Minuten die wichtigsten Neuerungen.

★ TOTAL NEU

Freunde der am Mischpult generierten Sounds hatten den Glauben schon fast aufgegeben, dass das Museum der Elektronischen Musik jemals eröffnen würde – bis 2018 die Stadt zustimmte. Sie überließ dem »Momem« das ehemalige Kindermuseum an der Hauptwache – zunächst zeitlich begrenzt.

★ ABSOLUT OBEN

Als einziger Wolkenkratzer in Frankfurts Skyline öffnet der Maintower seine beiden Aussichtsplattformen für Besucher. Aus 200 Meter Höhe bietet sich ihnen ein fantastischer Blick von Deutschlands vierthöchstem Gebäude.

Weitere Informationen
www.frankfurt.de,
www.domroemer.de,
www.facebook.com/Momem,
www.maintower.de

DER SÜDEN

Wälder, Wein und Alpenglühen

Attraktionen des Südens: die Walhalla bei Regensburg (oben), Trachtenumzug auf dem Oktoberfest (unten) und Weinbauidyll am Bodensee (links).

33 ROMANTIK AM NECKAR – HEIDELBERG

Stadt mit Starqualitäten

Kein anderer Ort in Deutschland ist so oft besungen worden wie die Neckarstadt Heidelberg. Von Goethe über Hölderlin bis zu Fred Raymond, der hier sein Herz verloren glaubte: Sie haben mit ihren Liedern und Gedichten der Universitätsstadt poetische Denkmäler gesetzt. Millionen Gäste aus aller Welt spüren jedes Jahr dem Mythos Heidelberg nach.

Die Universitätsstadt zeigt ihre besten Seiten: die Karl-Theodor-Brücke (unten) und die Schlossruine am Königstuhl (rechts oben). Der Studentenkarzer ist heute ein Museum (rechts unten).

Es klingt absurd, aber schuld an der Schönheit und baulichen Geschlossenheit Heidelbergs ist der Pfälzische Erbfolgekrieg: Er legte die Stadt 1693 in Schutt und Asche und machte einen Neuanfang unumgänglich. Bis heute dominieren deshalb barocke Bürgerhäuser, die dem mittelalterlichen Straßennetz angepasst wurden, das Stadtbild. Diese Verbindung von barocker Bebauung und mittelalterlicher Straßenführung macht den besonderen Reiz von Alt-Heidelberg aus. In dem Gewirr enger Gassen rund um den Marktplatz herrscht allzeit ein großes Gedränge. Die Kneipendichte ist extrem hoch und stellte wohl schon immer eine Versuchung dar. Im Karzer der 1728 errichteten Alten Universität saßen bis 1914 Studenten ein, die das Heidelberger Nachtleben allzu sehr genossen hatten. Die Wände sind mit Graffiti der Zecher übersät.

Das Schloss, ein geschichtsträchtiger Ort

Heidelberg verdankt sein Flair dem Ensemble aus Altstadt, der Alten Brücke über den Neckar und

der berühmten Schlossruine, die malerisch am bewaldeten Hang des Königstuhls liegt. Die Dichter der Heidelberger Romantik priesen sie als sichtbares Zeugnis vergangener Mittelalterherrlichkeit. Auf den Gemälden von William Turner erscheint sie in einem geheimnisvollen Licht. Romantische Gefühle stellen sich heute wohl eher selten ein: Rund eine Million Menschen besichtigen die berühmte Ruine Jahr für Jahr. Das Interesse der Besucher gilt vor allem der wechselhaften Schlossgeschichte und dem mit einem Fassungsvermögen von rund 219 000 Litern größten Weinfass der Welt im Fasskeller.

Die Anfänge des Heidelberger Schlosses gehen auf eine mittelalterliche Festung zurück, die im 16. und 17. Jahrhundert zu einer Residenz ausgebaut wurde. Der unter Kurfürst Ottheinrich von der Pfalz (reg. 1556–1559) entstandene und nach ihm benannte Ottheinrichsbau zählt zu den frühen Renaissancepalästen in Deutschland. Noch die Ruine beeindruckt durch eine Schaufassade mit reichem Figurenschmuck. Im Untergeschoss residiert heute das Deutsche Apothekenmuseum. Als letzte Erweiterungsmaßnahme ließ Kurfürst Friedrich V. von der Pfalz (reg. 1610–1623) einen Palast für seine Ehefrau Elisabeth Stuart, den sogenannten Englischen Bau, errichten. Friedrich V. ist als böhmischer »Winterkönig«, der die Schlacht am Weißen Berg gegen die katholische Liga verlor und mit der Reichsacht belegt wurde, in die Geschichte eingegangen. Sein Prunkbau mit einer großen Rittertreppe wurde während des Dreißigjährigen Krieges stark zerstört. Der Pfälzische Erbfolgekrieg (1688–1697) und ein Blitzeinschlag verwandelten das Schloss endgültig in eine Ruine und bereiteten seine romantische Idealisierung vor.

Ein Weg für gewisse Stunden

Der auf einer Anhöhe am Nordufer des Neckars verlaufende Philosophenweg gewährt nicht nur unvergleichliche Ausblicke auf die Stadt und ihr Schloss, sondern lockt auch mit fast schon mediterranem Flair. Dank des milden Heidelberger Klimas gedeihen im Philosophengärtchen, das als Naturbalkon der Stadt gilt, Zitronen- und Mandelbäume, Zypressen und selbst Palmen. Die Meriankanzel, ein weiterer Aussichtspunkt am Spazier- und Wanderweg, bietet genau den Blick auf Heidelberg, den der Kupferstecher Matthaeus Merian 1620 in der berühmten Großen Stadtansicht festgehalten hat.

Seinen Namen verdankt der Philosophenweg nicht etwa den großen Denkern, die in Heidelberg lehrten, sondern den Studenten, die den romantischen Ort bereits im 19. Jahrhundert für sich entdeckten und sich hier zu Schäferstündchen trafen.

TOP ★ ERLEBNISSE

★ SCHLENDERN AUF DER HÖHE

Wenn wandern in Heidelberg, dann sicher über den Philosophenweg. Den legendären Weinbergweg am Sonnenhang des Heiligenberges frequentier(t)en Professoren, Philosophen und Dichter und wärmten sich am Anblick von Altstadt, Fluss und Bergen.

★ SPORT IM GROSSFORMAT

Ballsport jeder Art soll in die neue multifunktionale Halle ziehen, die in Heidelberg-Kirchheim entsteht. Auf fast 10 000 Qudratmetern der ehemaligen Patton Baracks werden Basketball- und Handball-Matches sowie Spiele der Champions League ausgetragen. Die bis zu 5000 Zuschauer finden auf Teleskopbühnen Platz. 2019/20 wird die neue Halle eröffnet.

★ JAZZ AUS DER HÖHLE

Ein echter Dauerbrenner: Als ein paar Kommilitonen 1954 das Cave in der Krämergasse gründeten, konnten sie nicht ahnen, wie lange ihre schummrige Jazzkneipe Bestand haben würde. Inzwischen sind gut 65 Jahre daraus geworden, in denen der älteste Studentenjazzclub Deutschlands Szene-Größen wie Louis Armstrong, Ella Fitzgerald und Dizzy Gillespie empfangen hat.

Weitere Informationen
www.heidelberg.de,
www.bam-sports.de, www.cave54.de

Eine Stadtbesichtigung erfordert Kondition (oben). Eine Augenweide sind allein die Seerosen in der Wilhelma (rechts).

34 KULTUR UND GENUSS IM LÄNDLE – STUTTGART

Zwischen Wald und Reben

Schon allein ihre Geografie macht die Hauptstadt Baden-Württembergs einzigartig: Stuttgart liegt in einem Talkessel, die Differenz zwischen Talsenke und Talrändern beträgt bis zu 350 Meter. Ringsum halten Höhenzüge Wind und Regen fern, sodass selbst Weinbau im Stadtgebiet möglich ist. Zum schönen Gesamteindruck tragen die vielen Parkanlagen bei.

Stuttgart ist nicht nur wegen seiner herrlichen Parks und Gärten eine Reise wert. Die Stadt verfügt über eine bunte Kulturlandschaft und ausgezeichnete Museen. Obwohl Zweckbauten der Nachkriegszeit die City prägen, gibt es sehenswerte historische Baudenkmäler. Während auf dem Stadtgebiet 630000 Menschen leben, wohnen in der Region fast 2,7 Millionen. Für die Geselligkeit sorgen Weinstuben und die bäuerlichen Besenwirtschaften.

Stuttgarts grüne Lunge

Ursprünglich war der Schlossgarten eine Parkanlage, die sich vom neuen Schloss schier endlos Richtung Nordosten bis an den Neckar und zum Rosensteinpark hinzog. Doch dann kam »Stuttgart 21« – und ungeachtet aller Bürgerproteste schlugen die Bagger eine riesige Schneise in den mittleren Teil des Parks. Trotz der Beeinträchtigungen, die die Baustelle am neuen Hauptbahnhof mit sich bringt, bleibt der größte Teil des Parks von dem Projekt unberührt. Nach wie vor lädt der Untere Schlossgarten zu ausgedehnten Spaziergängen ein. An seinem Nordende bildet das klassizistische Schloss Rosenstein ein Entree zu dem gleichnamigen Landschaftspark, der mit 100 Hektar Fläche wohl der größte Park seiner Art in Südwestdeutschland ist. Park und Schloss wurden in der ersten Hälfte des 19. Jahrhunderts unter König Wilhelm I. von Württemberg (1781–1864) angelegt. Seit der Bundesgartenschau des Jahres 1977 sind die Anlagen mit dem Schlossgarten durch Grünflächen verbunden.

Die Stuttgarter Markthalle (oben) und das Porsche Museum am gleichnamigen Platz (unten). Die Wiesen am Schlossplatz vor dem Neuen Schloss (rechts oben). Die neue Stadtbibliothek Stuttgart kommt ohne Schnickschnack aus (rechts unten).

Im Nordosten des Rosensteinparks lockt ein besonderes Highlight: Die Wilhelma ist der einzige zoologisch-botanische Garten Deutschlands. Ab 1840 ordnete König Wilhelm I. an, hinter dem Wilhelma-Theater ein Bad- und Gartenhaus im maurischen Stil zu bauen, das sich zu einem kleinem Schloss auswuchs. Das Vorbild lieferte, der damaligen Mode folgend, die Alhambra im andalusischen Granada. Bis heute lassen sich in den historischen Gewächshäusern exotische Pflanzen aus aller Welt bestaunen. Im Wechsel der Jahreszeiten verändert der Park sein Erscheinungsbild: Im April verwandeln Magnolien den maurischen Garten in ein rosa-weißes Blütenmeer, später blühen Rhododendren und Azaleen, im Herbst verfärben sich die mächtigen Laubbäume, die zum Teil aus der Gründungszeit stammen. Erst nach dem Zweiten Weltkrieg wurde mit der Anlage eines Zoos begonnen. Mittlerweile leben rund 9000 Tiere in der Wilhelma.

Das historische Zentrum

Wer weiß schon, dass Stuttgart einen der schönsten Renaissanceplätze Deutschlands zu bieten hat? Der Schillerplatz im Herzen der Stadt wurde zu Beginn des 17. Jahrhunderts unter Herzog Friedrich I. neu gestaltet und in der Bebauung dem prächtigen Schloss angepasst. Das erst zu Beginn des 18. Jahrhunderts vollendete Prinzenpalais ähnelt einem florentinischen Palast, auch dem spätgotischen »Fruchtkasten« verpasste Heinrich Schickhardt (1558–1635) eine neue Fassade. Heute ist der ehemalige Kornspeicher eines der ältesten erhaltenen Häuser Stuttgarts.

Die Anfänge des Alten Schlosses gehen auf das 10. Jahrhundert zurück, doch im 16. Jahrhundert wurde es zum Renaissancepalast mit Arkadenhof umgebaut. Im Süden des Schillerplatzes ist der frühgotische Chor der Stiftskirche ein Hingucker.

Der Platz vor dem Neuen Schloss bildet ein Zentrum des urbanen Lebens in Stuttgart. Von Blumenrabatten gesäumte Grünflächen laden an heißen Sommertagen zu Ruhepausen ein. Im Winter lockt eine Eisbahn Schlittschuhläufer an. Im barocken Schloss selbst hat heute das baden-württembergische Finanzministerium seinen Sitz. Der Bau wurde 1746 von Herzog Carl Eugen von Württemberg angestoßen. Allerdings überforderten die Wünsche des eitlen Regenten die Staatskasse. Der Herzog, der 1793 starb, erlebte die immer wieder verzögerte Fertigstellung seines Traumschlosses nicht mehr. Erst unter seinem

Neffen Herzog Friedrich II. konnte der Bau vollendet werden. Auch die Anlage des Schlossgartens verdankt die Stadt dem unter Napoleon zum König von Württemberg ernannten Friedrich. Während das wuchtige Staatstheater die Ostseite dominiert, dehnt sich an der Westseite des Schlossplatzes der spätklassizistische Königsbau aus dem 19. Jahrhundert aus. Hinter dem Portikus aus 26 wuchtigen Säulen verbergen sich Cafés und Ladengeschäfte.

Den architektonischen Kontrast zu den historischen Gebäuden rund um den Schlossplatz bildet das Kunstmuseum. Der 2006 eingeweihte Bau besteht aus einem Natursteinkubus, der von einem Glaswürfel umhüllt ist. Das Museum besitzt die weltweit größte Sammlung der Werke von Otto Dix sowie Gemälde von Rebecca Horn und Willi Baumeister.

Kunst und Technik

Immer wieder hat Stuttgart durch spektakuläre Museumsbauten Maßstäbe gesetzt: Die 1984 eröffnete Neue Staatsgalerie des schottischen Architekten James Stirling gehört dazu. Mit ihr wurde dem klassizistischen Gebäude der Alten Galerie ein postmodernes Meisterwerk zur Seite gestellt. Elemente verschiedener Baustile von der Antike bis zur Klassischen Moderne werden hier auf originelle Weise kombiniert. Der u-förmige Grundriss des Museums zitiert zwar die Alte Galerie, doch lockern vorgebaute Rampen und die geschwungene Glasfront des Eingangsbereichs ihre klassizistische Strenge auf. In beiden Gebäuden erwartet den Besucher ganz große Kunst vom Mittelalter bis zur Klassischen Moderne und der Gegenwart.

Die beiden Museen, die Stuttgarts bekannte Autohersteller errichten ließen, locken Technikfreaks und sind zu Wallfahrtsorten für Freunde moderner Architektur geworden. Im Mercedes-Benz-Museum in Bad Cannstatt führen zwei sich in Form einer Doppelhelix windende Rampen die Besucher durch die Ausstellung. Experten sind sich einig, dass die Architekten bei der Konstruktion an die Grenzen des technisch Machbaren vorgestoßen sind.

Auch das neue Porsche Museum präsentiert sich als kühner architektonischer Entwurf und bautechnisches Bravourstück zugleich: Nur von wenigen Stützen getragen, scheint der schräg gestellte Schauraum auf dem Werksgelände in Zuffenhausen gerade vom Boden abzuheben.

TOP ★ ERLEBNISSE

★ BÜCHERHÜLLE

Wie ein Monolith wirkt der Quader, der seit 2011 Stuttgarts Stadtbibliothek Raum gibt – außen sorgen Glasbausteine für Stabilität, während der innere Teil der Fassade aus Glas besteht. Auf den vier Stockwerken verlaufen rings um den überglasten Atriumsaal Galerien. Die Buchausleihe in der Open End Area im Erdgeschoss hat 24 Stunden geöffnet.

★ WASEN-KLÄNGE

Bisher kannte der Cannstatter Wasen, die Festwiese am Neckar, zwei zentrale Ereignisse im Jahr: das Frühlingsfest Ende April und das Cannstatter Volksfest fünf Monate später. Ab 2019 kommt im Juni mit dem Kessel Festival ein weiterer Event hinzu. Das zweitägige Musik-, Sport- und Kulturfest möchte mit dem »Übermorgen Markt« zur Nachhaltigkeit anregen.

★ ERBE-HAUS

In einer hochkonzentrierten Zeit von nur 21 Wochen entstanden Häuser und Wohnungen, in der sich die Moderne konstituierte: Die Weissenhofsiedlung ging 1927 aus einer vom Deutschen Werkbund angestoßenen Ausstellung hervor. Die beiden Häuser des Schweizer Architekten Le Corbusier zählen seit 2016 zum Weltkulturerbe.

Weitere Informationen
www.stuttgart-tourist.de,
www1.stuttgart.de, www.wasen.de,
www.stuttgart.de/weissenhof

35 BESTES WETTER – FREIBURG IM BREISGAU

Grün und groovy

Das südbadische Freiburg an den westlichen Ausläufern des Schwarzwalds ist als Hochburg der Ökologiebewegung bekannt. Früher als anderswo wurde in Deutschlands sonnigster Stadt gegen die Kernkraft protestiert und mit alternativen Lebensformen experimentiert.

Freiburg ist nicht nur die südlichste, sondern mit durchschnittlich 1650 Sonnenstunden im Jahr auch die heiterste deutsche Großstadt. Im Sommer spielt sich hier das Leben bis nachts im Freien ab. Überall in der Altstadt sieht man Leute, die sich in den »Bächle« die Füße kühlen. Die schmalen Kanäle, die aus dem Fluss Dreisam gespeist werden, gehören zu den Wahrzeichen der

Wahrzeichen in Deutschlands wärmster Stadt: »Bächle« am Rathausplatz vor dem Alten und dem Neuen Rathaus (rechts). Die Tauben kann der Wasserspeier am Freiburger Münster nicht schrecken (rechts oben).

Stadt. Schon seit dem 12. Jahrhundert durchziehen sie die Gassen. Das junge, vitale und weltoffene Freiburg blickt auf eine lange Geschichte zurück, die sich in den stattlichen Bürger- und Kaufmannshäusern rund um den Dom spiegelt. Das historische Kaufhaus etwa sticht durch seinen roten Anstrich und zwei mächtige Eckerker aus der Häuserfront des Münsterplatzes hervor. In der südlichen Altstadt, dem einstigen Handwerkerviertel, laden tausenderlei Läden zum Stöbern ein. Bis heute nutzen Gaukler und Musiker den Augustinerplatz als Freilichtbühne. Das studentische Publikum ist ihnen sicher: Freiburgs Albert-Ludwigs-Universität, gegründet 1457, zählt zu den renommiertesten Unis in Deutschland.

Das Münster: ein Juwel der Gotik

Zwar kann es das von 1200 bis 1513 erbaute Freiburger Münster von den Ausmaßen her nicht mit Kathedralen wie dem Kölner Dom aufnehmen, dennoch ist es ein gotisches Meisterwerk. Der 116 Meter hohe Turm wurde vom Kunsthistoriker Jacob Burckhardt als »schönster Turm auf Erden« gerühmt. Seine durchbrochene Spitze diente vielen Kirchen als Vorbild.
INFO: www.freiburg-fuer-alle.de

TOP ★ ERLEBNISSE

★ EWIGE SCHÖNHEIT

Welches Motiv für einen Friedhofsspaziergang könnte besser sein als eine rührende Geschichte? Auf Freiburgs Altem Friedhof gibt es ein Grab, das ein bittersüßes Geheimnis birgt. Unter einer Platte, die ein schlafendes Mädchen aus Stein in voller Schönheit zeigt, ruht Caroline Christine Walter. Sie starb 1867 mit 16 Jahren an Tuberkulose. Ihre Schwester setzte ihr den Grabstein – aber wer legt täglich frische Blumen darauf?

★ VORSICHT TRACK

Der Totenkopf auf dem Schild macht Sinn: Mountainbiker, die sich auf den »Baden to the Bone« wagen, sollten Erfahrung mitbringen. Über 3,2 Kilometer und 400 Höhenmeter führt der im Herbst 2017 eröffnete und streckenweise steile Trail vom Rosskopf über Rottecksruhe unterhalb der Burg vorbei bis zum Zähringer Bombenloch.

★ FEINE GRAFIK

Das Haus der Graphischen Sammlung im Augustinermuseum verwahrt einen grandiosen Schatz: 7000 Zeichnungen, Druckgrafiken und Fotografien mit einem Schwerpunkt auf der Druckgrafik des 16. Jahrhunderts. Baldung, Dürer und Holbein – ganz nah.

Weitere Informationen
www.mountainbike-freiburg.com,
www.visit.freiburg.de

Bildlegendelm Mittelalter prägte Bergbau das Münstertal im Südschwarzwald, heute zählt seine landschaftliche Schönheit.

36 BEKANNTER FERNSEHSTAR – DER SCHWARZWALD

Abwechslung im tiefen Südwesten

Von Alb- bis Wolftal und vom Kaiserstuhl bis in den Hotzenwald – die Ferienregion Schwarzwald ist an Vielfältigkeit schwer zu übertreffen. Immerhin breitet sich Deutschlands größte Mittelgebirgslandschaft im Südwesten über 11 000 Quadratkilometer aus.

Seit Langem schon ist der Schwarzwald ein Sehnsuchtsziel der Deutschen. Die bewaldeten Höhenzüge und weiten Täler, in denen auf blühenden Wiesen einsame Schwarzwaldhöfe stehen, zog schon im 19. Jahrhundert alltagsmüde Menschen an. Die abgeschiedene Idylle hat sich zum Urlaubsparadies entwickelt. In den Naturparks führen Wanderwege durch Wälder und auf lichte Höhen. Seen wie der Schluchsee und der Silbersee bieten Abkühlung an heißen Sommertagen, die in den niederen Lagen des Schwarzwalds nicht selten sind. Für kleine Feriengäste gibt es Erlebnisparks – etwa den Europa-Park in Rust, die Riesenrutsche im Poppeltal oder den Steinwasen-Park. Seinen düsteren Namen verdankt der Schwarzwald übrigens den Römern: Sie empfanden den undurchdringlichen Urwald als feindlich und wagten sich kaum in den »Silva Nigra«.

Der Feldberg

Die mit 1493 Metern höchste Erhebung des Schwarzwalds ist auch der höchste Berg Deutschlands außerhalb der Alpen. Mit seinen Nebengipfeln bildet der Feldberg eine einzigartige, in der Gipfelregion waldlose Gebirgslandschaft, die dank ihrer alpinen Vegetation als »subalpine Insel« unter Naturschutz steht. Auf den Feldberg führt ein Premium-Wanderweg; wer die Mühen des Aufstiegs scheut, kann die Feldbergbahn nutzen. An klaren Tagen kann man von oben bis zu den Vogesen und den Alpen sehen. Im Winter ist der Feldberg ein Paradies für Skifahrer und Langläufer.

INFO: www.schwarzwald-tourismus.info

37 NATUR PUR – NATIONALPARK BAYERISCHER WALD

Faszination Natur: eine Braunbärin mit Jungen im Nationalpark Bayerischer Wald.

Bayerische Wildnis

Der Bayerische Wald, Deutschlands ältester Nationalpark, erstreckt sich auf fast 25 000 Hektar an der Grenze zu Tschechien. Die waldreiche und urtümliche Mittelgebirgslandschaft steht seit der Parkgründung im Jahr 1970 unter Schutz.

Das oberste Prinzip im Nationalpark: Der Natur wird freier Lauf gelassen. In den Wäldern des Gebiets soll eine von jedem menschlichen Eingriff geschützte Wildnis (wieder-)entstehen. Um diese zu schützen und gleichzeitig zugänglich zu machen, wurden im Nationalpark insgesamt 300 Kilometer markierte Wanderwege angelegt. Erlebnispfade führen über Holzstege in sonst unzugängliche Naturwälder des Parks. Sie erschließen Moorgebiete und Bergwiesen und führen die stetigen Veränderungen der Natur vor Augen.

Am 1315 Meter hohen Falkenstein im Norden des Nationalparks befinden sich Waldgebiete, die zu den wenigen Urwaldresten Mitteleuropas zählen. Hier kann man uralte Tannen, Fichten und Buchen sowie umgestürzte und abgestorbene Baumriesen bestaunen.

Highlights in den Nationalparkzentren

Am Lusen in der Nähe von Neuschönau im Süden des Parks und am Falkenstein vermitteln Informationszentren Wissenswertes über den Naturraum Bayerischer Wald. In den Tierfreigeländen leben z. B. Luchse, Braunbären und Wölfe. Das Nationalparkzentrum Lusen bietet einen Spaziergang über den Baumkronen an: Auf dem längsten Baumwipfelpfad der Welt sieht man den Wald aus der Vogelperspektive. Im Nationalparkzentrum Falkenstein zählen Wildpferde und Urrinder zu den Attraktionen. Unbestrittener Höhepunkt des Parks aber ist der Große Rachel: Von seinem 1453 Meter hohen Gipfel genießt man Ausblick über die Wälder des Waldgebirges sowie des Böhmerwalds bin hin zu den Gipfeln der Alpen.

INFO: www.nationalpark-bayerischerwald.de

38 LÄNDERVERBINDENDES NASS – DER BODENSEE

Urlaubsparadies am Alpenrand

Das »schwäbische Meer«, wie der größte deutsche Binnensee auch genannt wird, zählt dank seines milden Klimas zu den beliebtesten Urlaubszielen in Deutschland. Der Kontrast von Wasser, Bergen und lieblicher Hügellandschaft macht den Reiz der Region aus. Schmucke Städte und die vielfältigen Uferformen sorgen für touristische Abwechslung.

Entspannt genießen rund um den Bodensee: Restaurants in Meersburg (rechts oben), Ankerplätze vor Wasserburg am bayerischen Ufer (unten). Einblicke in die Steinzeit bieten Rekonstruktionen prähistorischer Siedlungen im Pfahlbaumuseum Unteruhldingen (rechts unten).

Ist es der Panoramablick auf die Schweizer Alpen oder der landschaftliche Reichtum? Sind es die kulturellen Angebote von Konstanz, Friedrichshafen und Lindau oder die Weinkeller von Meersburg und Hagnau? Was auch immer den Ausschlag gibt, Argumente für einen Aufenthalt am Bodensee finden sich leicht. Auf der Reichenau warten bedeutende Kirchenbauten, auf der Blumeninsel Mainau kunstvoll angelegte Parks und Gärten. Das Nordufer wird von sanft geschwungenem Hügelland eingerahmt. Hier hat der Wein- und Obstanbau eine lange Tradition. Und die charmanten Städte und Dörfer, die sich an den Ufern wie Perlen an einer Schnur reihen, sind für ihre Gastfreundschaft bekannt. Ein 260 Kilometer langer Radrundweg, der zu den beliebtesten Routen Europas zählt, verbindet die Attraktionen des Ufers.

Mittelalterliche Mauern und barocke Pracht

Ausgangspunkt einer Bodensee-Erkundung ist Meersburg. Das 5000-Einwohner-Städtchen wird von einer Festung überragt, die bis zur Säkularisation im Besitz der Meersburger Fürstbischöfe war. Das barocke Neue Schloss, dessen Treppenhaus nach Plänen von Balthasar Neumann entstand, liegt nur einen Steinwurf von der Burg entfernt. Im Fürstenhäusle, von Annette von Droste-Hülshoff 1843 ersteigert, erinnert ein kleines Museum an die westfälische Dichterin, die im Jahr 1848

hier starb. Gut 40 Meter unterhalb von Burg und Schloss schmiegt sich die Unterstadt mit ihren farbenfroh gestrichenen Fachwerkbauten und dem Gredhaus an den See.

Auch in Lindau am bayerischen Ufer prangt üppiger Anstrich an zahlreichen Gebäuden. So erzählt die Südfassade des Rathauses in historisierenden Bildern die Geschichte des Ortes. In der Altstadt, die ein Bahndamm und eine Straßenbrücke mit dem Festland verbinden, steht eine dichte Ansammlung von Gotik-, Renaissance- und Barockbauten. Die Hafeneinfahrt der Insel bewacht der bayerische Löwe. Hinter ihm glänzen die bunt glasierten Dachziegel des Mangturms in der Sonne.

Auch Konstanz, die größte Stadt am Bodensee, hat ihr Wahrzeichen am Wasser: die Imperia. Die Statue einer Kurtisane, die Papst und Kaiser in ihren Händen hält, erinnert seit 1993 auf skurrile Weise daran, dass das Schicksal des Konstanzer Konzils von 1414 bis 1418 nicht unwesentlich von Prostituierten beeinflusst wurde.

Romanisches Kleinod Reichenau

Die Insel Reichenau steht dank ihrer drei romanischen Kirchen, die als bedeutende Zeugnisse der frühmittelalterlichen Klosterkultur gelten, seit dem Jahr 2000 auf der UNESCO-Welterbeliste. Das Kloster Reichenau wurde um 724 von dem Mönch Pirminius gegründet und stieg unter den Karolingern zu einem bedeutsamen geistigen Zentrum im Heiligen Römischen Reich Deutscher Nation auf. Die Handschriften der Reichenauer Malschule zählen zu den großartigsten Meisterwerken mittelalterlicher Buchmalerei. Die dreischiffige Basilika St. Georg, errichtet um das Jahr 900, erhielt später einige Anbauten. Die spektakulären Wandmalereien des Langhauses sind 1000 Jahre alt, sie zeigen Szenen aus dem wundertätigen Leben Jesu Christi, etwa die Auferweckung des Lazarus und die Beruhigung des Sturms über dem See Genezareth.

Etwa zeitgleich entstand der heute sichtbare Bau der Kirche St. Peter und Paul. An der Ostseite der Säulenbasilika, die auf den Fundamenten eines älteren Saalbaus ruht, ist das frühere romanische Aussehen noch erkennbar. Der Innenraum wurde Mitte des 18. Jahrhunderts im Stil des Rokoko neu ausgestaltet. Auch die Münsterkirche St. Maria und Markus steht an der Stelle eines aus der Zeit des Pirminius stammenden Holzbaus. Ihr Langhaus wurde 1048 geweiht, der spätgotische Ostchor im 15. Jahrhundert angefügt.

TOP ★ ERLEBNISSE

★ UMRUNDUNG

Die Zahlen sprechen für sich: Der Ufersaum des Bodensees misst 270 Kilometer und fast genauso lang ist der Bodenseeradweg. Beinahe durchgehend verläuft die Strecke unmittelbar am Wasser: 170 Kilometer in Deutschland, 72 auf Schweizer Boden und 28 Kilometer durch Österreich. Rund 220 000 Biker fahren Teilstücke oder umrunden den ganzen Bodensee in sieben Etappen.

★ WEINHISTORIE

Um eine der ältesten Traubenpressen Deutschlands ist in Meersburg das Vineum entstanden, eingerichtet an historischer Stätte im ehemaligen Heilig-Geist-Spital. Über zwei Etagen führt ein interaktiver Rundgang zur Kulturgeschichte des Weins. Der Weintorkel von 1607 steht auch im Mittelpunkt der Stehkonzerte »torkel trifft ...« mit zumeist regionalen Musikern.

★ PFAHLBAUTEN

Das Freilichtmuseum in Unteruhldingen versetzt Besucher seit fast 100 Jahren in die Stein- und Bronzezeit. Aktuell zeigen 23 Pfahlbauten, wie sich unsere Vorvorfahren auf Stelzenhäusern im See einrichteten. Seit 2011 gehört diese Stätte mit 110 weiteren im Alpenraum zum Welterbe.

Weitere Informationen
www.bodensee.eu,
www.echt-bodensee.de,
www.bodensee-radweg.com,
www.vineum-bodensee.de,
www.www.pfahlbauten.de

Ländliche Gelassenheit: Weinlage Würzburger Stein (oben). Blick auf die Stadt und die Alte Mainbrücke (rechts).

39 WEINLAND – WÜRZBURG UND MAINFRANKEN

Ein Fest barocker Sinnlichkeit

Das unterfränkische Würzburg, reizvoll in einem Talkessel am Mittellauf des Mains gelegen, ist mit Attraktionen gespickt: Es gibt die prunkvolle Barockresidenz, eine mittelalterliche Burg und eine rege Kulturszene. In der überschaubaren Altstadt, versteckt zwischen Kirchen und Bürgerhäusern, laden altfränkische Weinstuben zum Trinken und Genießen ein.

Nur 17 Minuten dauerte der Angriff am 16. März 1945, dann lagen 90 Prozent der historischen Würzburger Innenstadt in Schutt und Asche. Bei dem Bombenangriff starben in der Stadt mehr als 5000 Menschen. Zuvor ein architektonisches Kleinod mit einer wahren Fülle an barocken Kirchen und Bürgerhäusern, ging Würzburgs Wiederaufbau nach 1945 nur schleppend voran. Dennoch erinnern in der Stadt, in der der Barockbaumeister Balthasar Neumann (1687–1753) wirkte, zahlreiche Bauwerke an ihre Blütezeit.

Trutzburg mit bewegter Geschichte

Das bekannteste Wahrzeichen Würzburgs thront auf einem nach drei Seiten steil abfallenden Bergplateau hoch über dem linken Mainufer im Westen der Stadt. Als Amtssitz der Würzburger Fürstbischöfe, die hier zwischen dem 13. und dem 18. Jahrhundert residierten, war die Festung über Jahrhunderte immer wieder umkämpft. So verschanzten sich während des Bauernkriegs von 1524/1525 Anhänger des Bischofs Konrad von Thüngen hinter ihren Mauern und verteidigten sie erfolgreich gegen ein Heer aus Bauern und Würzburger Bürgern. Götz von Berlichingen soll ihr Anführer gewesen sein. Im Dreißigjährigen Krieg nahmen schwedische Truppen unter ihrem König Gustav II. Adolf die Burg ein und plünderten sie. Bei der Bombardierung im März 1945 brannten große Teile der Festung aus, der Wiederaufbau zog sich über mehr als 40 Jahre bis 1990 hin.
Die bauliche Anlage der Burg spiegelt ihre wechselvolle Geschichte. Belagerungen und Brände

PLAZA

Würzburgs Herzstück: die Residenz mit dem kostbaren Spiegelkabinett. Der Raum wurde im März 1945 komplett zerstört, jedoch in den 1980er-Jahren in aufwendiger Kleinarbeit nach alter Herstellungstechnik restauriert.

forderten die Fürstbischöfe immer wieder zu Erweiterungen und Modernisierungen der Befestigungen heraus. Unter den geistlichen Bauherren sticht Fürstbischof Julius Echter von Mespelbrunn (reg. 1573 bis 1617) hervor. Der Gründer der Würzburger Universität war ein entschiedener Parteigänger der Gegenreformation, der auch Hexenprozesse initiierte. Echter baute die unter Bischof Konrad von Querfurt um 1200 an der Stelle einer fränkischen Anlage errichtete mittelalterliche Burg zu einem Renaissancepalast um. Der im Osten durch die monumentale Echterbastei begrenzte mittlere Hof mit der Pferdeschwemme geht auf seine Amtszeit zurück.
Dem Echterschen Hof schließt sich der jüngste Teil der Festung an, ein nach dem Fürstbischof Johann Philipp von Greiffenclau (reg. 1699–1719) benannter und im Süden und Westen von Barockbauten umgebener Hof. Einst waren in den Gebäuden das Zeughaus und die Kommandantur untergebracht. Heute beherbergen sie das Mainfränkische Museum mit einer spektakulären Sammlung von einmaligen Werken des Bildschnitzers Tilman Riemenschneider (1460–1531). Die mittelalterliche Burg liegt im Westen des Echterschen Hofes und ist mit diesem durch eine Steinbrücke verbunden.
Obwohl die Würzburger Fürstbischöfe im Laufe der Jahrhunderte auch an diesem Teil der Anlage viele bauliche Veränderungen vornahmen, ist der ursprüngliche Grundriss erhalten geblieben: Niedrige Gebäude mit Spitzdächern umgeben einen lang gestreckten Hof. In der Mitte des Platzes ragt ein 40 Meter hoher Bergfried aus der Gründungszeit der Burg auf. Der romanische Rundbau der Marienkirche am Nordflügel des Hofes wurde bereits um das Jahr 1000 errichtet. Vom barocken Lustgarten des Bischofs von Greiffenclau geht ein weiter Blick über den Main auf das vieltürmige Würzburg. Übrigens saß in der Festung Marienberg die letzte in Franken verurteilte »Hexe«, Maria Renata Singer von Mossau, ein. Im Alter von 80 Jahren erhielt die Nonne und Priorin 1749 eine Begnadigung zum Tod durch das Schwert statt auf dem Scheiterhaufen.

Europas schönstes Pfarrhaus

Napoleon nannte die Würzburger Residenz, die wie wohl kein zweites Barockschloss in Deutschland den Hang absolutistischer Herrscher zu Re-

präsentation und Prachtentfaltung symbolisiert, despektierlich »Europas schönstes Pfarrhaus«. Der Palast entstand zwischen 1719 und 1744 in der Ära der Fürstbischöfe aus dem Hause Schönborn. Sie lockten als große Förderer der Baukunst renommierte Architekten nach Würzburg und beauftragten sie mit der Vervollkommnung der Stadt. Mit dem Bau ihrer neuen Residenz nun wollten sie mit dem französischen König und dem Kaiser in Wien gleichziehen und ein den Schlössern Versailles und Schönbrunn ebenbürtiges Gesamtkunstwerk schaffen.
Offensichtlich ist ihnen das gelungen: Bis heute preisen Bauhistoriker die Würzburger Residenz als Höhepunkt barocker Palastarchitektur. Dem mit der Planung und Durchführung der Bauarbeiten beauftragten Balthasar Neumann standen namhafte Architekten aus Frankreich, Italien und Deutschland zur Seite. Ihre Ideen flossen in den Bau ein, der dennoch die Handschrift Neumanns trägt und dessen in sich geschlossene und einheitliche Anlage als einzigartig gilt. Diese vollkommene Synthese verschiedener Spielarten des europäischen Barocks, die Neumann gelang, brachte der Residenz bereits 1981einen Eintrag in die UNESCO-Weltkulturerbeliste ein.
Unter all den luxuriös ausgestatteten Sälen und Räumen, die die Residenz auszeichnen, ragt Neumanns dreiläufiges Treppenhaus heraus. Es führt vom Vestibül des Mittelbaus ins Obergeschoss. Bis heute erregt das riesige, freitragende Gewölbe Erstaunen und Bewunderung. Unter Zeitgenossen galt die Konstruktion als instabil, Kollegen rieten Neumann gar von der Ausführung ab. Trotz aller Bedenken hat sie aber selbst den Bombenangriff im Jahr 1945, der große Teile der Residenz zerstörte, unbeschadet überstanden.
Das von Giovanni Battista Tiepolo (1696–1770) geschaffene Fresko, das Neumanns Gewölbe schmückt, zählt zu den größten zusammenhängenden Deckengemälden der Welt: ein in künstlerischer wie technischer Hinsicht absolutes Meisterwerk und ein Höhepunkt der europäischen Freskenmalerei. Das Bildprogramm, das sich dem Betrachter beim Aufstieg ins Obergeschoss erschließt und das in der Überhöhung Europas als Zentrum der zivilisierten Welt, als Hort von Wissenschaft und Kunst mündet, verursacht bei vielen Leuten heute allerdings staunendes Stirnrunzeln und Kopfschütteln.

Spaziergang durch die Jahrhunderte

Als fürstbischöfliche Residenzstadt ist Würzburg mit prächtigen Sakralbauten üppig ausgestattet. Durch die Jahrhunderte haben sich viele der

Der Weinkeller in der Residenz (unten) und das Treppenhaus von Balthasar Neumann unter dem Deckenfresko Tiepolos (oben).

Ein von wildem Wein überwucherter Giebel in Dinkelsbühl (oben) und das Weinfest in Zeil am Main (unten). In Schloss Veitshöchheim vergnügte sich die höfische Gesellschaft (rechts oben). In Bocksbeuteln sind nicht nur, aber vorwiegend Weine aus Franken verfüllt (rechts unten).

geistlichen Landesherren, die zwischen 1168 und 1803 über das Hochstift herrschten, mit der Errichtung von Gotteshäusern selbst ein Denkmal zu setzen versucht. Im überschaubaren Zentrum finden sich deshalb Kirchenbauten aus fast allen Epochen der mehr als 1000-jährigen Geschichte der Stadt.

Der 1189 geweihte Dom St. Kilian wird oft als großartiges Zeugnis salischer Baukunst in Deutschland gepriesen. Tatsächlich aber wurde er immer wieder im Stil der jeweiligen Zeit erweitert und neu ausgestattet – bis er im Zweiten Weltkrieg in sich zusammenstürzte. Der Wiederaufbau zog sich bis 1967 hin und war von heftigen Kontroversen begleitet. Die Diskussionen darüber, ob die barocken Hinzufügungen bei der Rekonstruktion der ursprünglich romanischen Kirche berücksichtigt werden sollten oder nicht, endeten in einem Kompromiss. Der Dom wurde im romanischen Stil unter Verwendung noch intakter barocker Elemente wieder aufgebaut. St. Kilian zeigt sich heute deshalb als ein architektonischer Zwitter, der aus einem romanischen Langhaus, einem barocken Querschiff und einem barocken Chor mit stuckverzierten Gewölbedecken besteht. Die beiden Barockaltäre des Querschiffes gehören zu den wenigen Kunstschätzen der Kirche, die den Krieg unversehrt überstanden haben. Sie werden Pietro Magno zugeschrieben, einem Tessiner »Wanderkünstler«, der auch den einst reichen Stuckdekor der Kirche schuf.

Die mit dunklem Marmor ausgekleidete Schönbornkapelle, ein Anbau im Norden des Querschiffs von St. Kilian, gilt als architektonisches Kleinod, das bereits in der ersten Hälfte des 18. Jahrhunderts unter Federführung von Balthasar Neumann als Grablege für die Familie Schönborn entstand.

Auch die Anfänge der in der Nähe stehenden Stiftskirche Neumünster gehen auf eine romanische Basilika zurück, die ähnlich dem Dom an der Wende vom 17. zum 18. Jahrhundert in eine Barockkirche umgewandelt wurde. Dabei fiel das Westportal einer auffallend prächtigen Schaufassade zum Opfer, während den Westchor ein Kuppelbau ersetzte. In der Westkrypta der Neumünster Kirche befindet sich die Grablege der Frankenapostel Kilian, Kolonat und Totnan, die hier angeblich den Märtyrertod starben. Die nördliche Seitentür der Kirche führt in das Lusamgärtchen, einen kleinen, baumbestandenen Kreuzganghof, in dem Walther von der Vogelweide bestattet worden sein soll.

Die Marienkapelle an der Nordseite des Würzburger Marktplatzes ist eine hochgotische Bürgerkir-

che, entstanden zwischen 1377 und 1479 an der Stelle einer geschleiften Synagoge. Das Gotteshaus, in dem Balthasar Neumann bestattet liegt, besticht durch den Kontrast zwischen hellem Anstrich und rotbraun gefassten Bogenfenstern.

Herrliche Tröpfchen in Mainfranken

Das fränkische Weinland, das die beiderseits des Mains gelegenen Gebiete zwischen Aschaffenburg im Westen und Bamberg im Osten umfasst, zählt zwar nicht zu den größten, wohl aber zu den besten deutschen Weinanbaugebieten. Seit rund 1200 Jahren werden hier auf einer Anbaufläche von rund 6000 Hektar Weine produziert, die auch international einen ausgezeichneten Ruf genießen. Ihre Herkunft ist schon an der charakteristischen Flasche leicht zu erkennen: Silvaner, Scheurebe oder Bacchus werden hier in die typisch fränkischen, bauchigen Flaschen namens Bocksbeutel abgefüllt.

Die Region ist als traditionsreiche Kulturlandschaft bekannt. Dank bestens erhaltener historischer Ortskerne haben die Winzerstädtchen entlang des Mains viel von ihrem altertümlichen Charme bewahrt. Ortschaften wie Sommerhausen, Marktbreit, Iphofen oder Dettelbach bezaubern durch ihre altfränkischen Fachwerkbauten, ihre reich geschmückten Kirchen und barocken Rathäuser.

Fast scheint es so, als hätten die Befestigungsmauern, die sie bis heute umgeben, auch die Zeit und den Fortschritt abgewehrt. Tatsächlich aber ist Mainfranken längst aus dem Dornröschenschlaf erwacht und die Moderne ist in fast jeden Winkel vorgedrungen. Die Städte und Dörfer der Region haben sich für Gäste aus aller Welt herausgeputzt. Das Angebot an Gasthäusern und Weinstuben, die in altfränkischem Ambiente Spezialitäten – und freilich eine Auswahl edler Tropfen aus Weinfranken – anbieten, ist riesengroß.

TOP ★ ERLEBNISSE

★ STEINWEINPFAD

Der Würzburger Stein gilt als fränkische Paradelage – keine deutsche Großstadt baut derart auf den Wein wie die Residenzstadt und an keiner Stelle wird das deutlicher als auf dem Steinwegpfad. Er führt in einer längeren Ost- und einer kurzen Westschleife insgesamt vier Kilometer durch die Reblage. 25 Stelen geben Auskunft zu Sorten, Anbau und Handwerk.

★ SCHLOSSGARTEN

Viel bekannter als das Schlösschen von Veitshöchheim ist sein Garten: Die im 18. Jahrhundert gestaltete Anlage gilt als einer der letzten französischen Rokokogärten in Deutschland. Wald-, Hecken- und Seezone spiegeln Lebensgefühl und Geschmack der höfischen Gesellschaft.

★ HAFENSOMMER

Im Juli und August 2018 strömten so viele Menschen wie nie zuvor zu den Events am Alten Hafen – ein schöner Erfolg für den Würzburger Hafensommer, der schon einmal kurz vor seinem Ende stand. Doch das wichtigste sommerliche Kulturfestival in Mainfranken hat überlebt und präsentiert Weltmusik, Jazz und Entertainment auf der schwimmenden Bühne im Hafenbecken.

Weitere Informationen
www.wuerzburg.de,
www.residenz-wuerzburg.de,
www.fraenkisches-weinland.de,
www.wuerzburger-steinweinpfad.de,
www.frankentourismus.de

40 DAS »FRÄNKISCHE« ROM – BAMBERG

Ausgezeichnetes Kulturerbe

Die ehemalige fürstbischöfliche Residenzstadt Bamberg wurde von Krieg und Zerstörung weitgehend verschont. Sie kann deshalb eine über die Jahrhunderte gewachsene Altstadt vorweisen. Als in sich geschlossenes Ensemble sakraler und profaner Bauten gehört die Altstadt seit 1993 zu den UNESCO-Welterbestätten.

Ansichten einer unzerstörten Stadt: Die Altstadtsilhouette mit Dom, Kloster Michaelsberg und dem Alten Rathaus (unten), ein Sommertag am Alten Rathaus (rechts oben). Im Schlenkerla gibt es das typische Rauchbier (ganz rechts unten).

Es liegt wohl nicht nur an den sieben Hügeln, über die sich Bamberg erstreckt, dass sich der Vergleich mit der Ewigen Stadt aufdrängt: Als einstiges Zentrum eines fürstbischöflichen Bistums ist der oberfränkische Ort ähnlich wie Rom mit Sakralbauten reich bedacht. Vor allem in der Bergstadt rund um den Dom befinden sich Kirchen und Klöster auf engstem Raum. Das auf einer Anhöhe im Norden des Dombergs thronende Kloster Michaelsberg etwa geht auf eine Gründung des ersten Bamberger Bischofs zurück. Die ursprünglich romanische Abteikirche wurde wie die Basilika St. Theodor, die Obere Pfarre und Bambergs ältestes Gotteshaus St. Gangolf später barockisiert. Die Bamberger Kirchen formen ein imaginäres Kreuz, dessen Schnittpunkt bis 1779 die Tattermannsäule bildete. Heute markiert ein Hohlraum im Boden, mit einer Glasplatte überdeckt, als »negative« Säule den Platz, der im Mittelalter als »Nabel der Welt« galt. Heinrich II. soll sie zum Mittelpunkt des Reiches bestimmt haben, da Bamberg seine bevorzugte Residenz war.

Der Dom und sein Reiter

Die Silhouette der Stadt wird von den vier 81 Meter hohen Türmen des Doms beherrscht. Die dop-

pelchörige Basilika gilt als herausragendes Beispiel mittelalterlicher Sakralbaukunst. Sie entstand am Übergang von der Romanik zur Gotik zwischen 1215 und 1237. Kaiser Heinrich II. hatte den Vorgängerbau um 1004 veranlasst, den Brände stark beschädigten. Wissenschaftliche Untersuchungen belegen, dass die Brandruine nur peu à peu abgetragen und das Abbruchmaterial wieder verwendet wurde. Während der zuerst errichtete Ostchor noch alle Stilelemente eines spätromanischen Kirchenbaus aufweist, finden sich am Westchor bereits Merkmale frühgotischer Architektur.
In der Basilika zieht der berühmte Bamberger Reiter, der unter einem Baldachin auf einer Konsole an einem Chorpfeiler steht, die Menschen bis heute in seinen Bann. Das 2,30 Meter hohe Standbild, vermutlich zu Beginn des 13. Jahrhunderts von einem unbekannten Meister geschaffen, zählt zu den bedeutendsten Kunstwerken der Stauferzeit. Bis vor Kurzem wurde über die Identität des steinernen Reiters spekuliert. Dabei kamen zumeist die Namen staufischer Herrscher ins Spiel. Mittlerweile darf als gesichert gelten, dass der erste ungarische König Stephan I. (969–1038) als Vorbild diente.

In der Bürgerstadt

Die Inselstadt zwischen dem westlichen und dem als Teil des Main-Donau-Kanals genutzten östlichen Regnitz-Arm ist seit jeher das Viertel der Bürger und Kaufleute. Bis heute künden stattliche Fachwerkbauten und barocke Bürgerhäuser von dem Wohlstand, den Handel und Gewerbe hier schufen. An jeder Ecke und in jedem Winkel der Altstadt laden reich geschmückte Hausfassaden, Giebel und Erker zum Schauen und Staunen ein. Dass sich trotz der Fülle an historischer Bausubstanz nicht der Staub von Jahrhunderten über Bamberg gelegt hat, ist den Studenten der 1972 gegründeten Universität zu verdanken: In der Altstadt herrscht stets emsiges Treiben. Auch die Einzelhändler und Kunsthandwerker, die hier ansässig sind, tragen zu der lebendigen, urbanen Atmosphäre bei. Ihre fein dekorierten Läden laden Besucher zum Stöbern und Staunen ein.
Touristische Hauptattraktion der Inselstadt ist sicherlich das Rathaus, das auf Eichenpfählen in der Regnitz steht und durch Brücken mit beiden Ufern verbunden ist. Der außergewöhnliche Bau aus dem 14. Jahrhundert sollte wohl die Grenze zwischen Berg- und Inselstadt markieren. Im 18. Jahrhundert wurde das Rathaus nach Plänen des Rokoko-Architekten Michael Küchel (1703–1769) im Stil der Zeit »modernisiert«. Nur das Untergeschoss und der Fachwerkbau des Rottmeisterhäuschens, das an den Torturm angebaut ist und fast über dem Fluss zu schweben scheint, blieben von den Umbaumaßnahmen verschont.

TOP ★ ERLEBNISSE

★ BRAUEREIENWEG

Nicht fünf oder neun, nein 13 Brauereien verbindet ein Wanderweg durch das Vorland des fränkischen Jura auf 32 Kilometern. Sollte die Kondition entweder für die Strecke oder für die Kostproben der oberfränkischen Brauereikunst nicht reichen, gibt es auch eine kürzere Variante über zehn Brauereien.

★ WELTERBEZENTRUM

Das neue Besucherzentrum macht es dem Rathaus nach: Es steht mitten im Strom. Damit hat es die beliebtesten Fotomotive der Stadt unmittelbar im Blick – und reiht sich mit seiner schlichten Architektur gleich mit ein. Auf 220 Quadratmeter Ausstellungsfläche liegt der Schwerpunkt bei der Vermittlung des universellen Wertes der Bamberger Welterbestätten.

★ RAUCHBIER

An diese Bamberger Bierspezialität wird sich mancher Bierfreund erst gewöhnen müssen: Das Rauchbier schmeckt schwer und süffig. Feinschmecker erkennen vielleicht die Eichenfasslagerung heraus. Dort ruht das Bier im Brauereigasthof Schlenkerla, einer der örtlichen Rauchbier-Produzenten. In ganz Bamberg gibt es heute noch neun Brauereien.

Weitere Informationen
www.bamberg.de, www.landkreis-bamberg.de, www.welterbe.bamberg.de, www.schlenkerla.de

Der prächtige Herkulesbrunnen von 1602 schmückt die noble Maximilianstraße vor der Kulisse der Basilika St. Ulrich und Afra (oben). Tanzvergnügen in historischen Kostümen im Goldenen Saal des Augsburger Rathauses (rechts oben). Das 1886 erbaute Kurhaus im Stadtteil Göggingen ist eine Rarität aus der Gründerzeit (rechts unten).

41 GELD UND FRIEDEN – AUGSBURG

Hier wurden Kaiser gekauft und der Religionsfriede beschlossen

Zusammen mit Kempten, Köln, Trier und anderen ist Augsburg Mitglied im exklusiven Klub der ältesten Städte Deutschlands. Im 15. und 16. Jahrhundert erlebte die Stadt einen beispiellosen Aufstieg zu einer der weltweit führenden Wirtschafts- und Finanzmetropolen. 1555 wurde hier der Reichs- und Religionsfrieden geschlossen, der Katholiken und Lutheranern die freie Ausübung ihrer Religion zugestand.

Augsburgs Geschichte begann 15 v. Chr., als im heutigen Stadtteil Oberhausen ein Legionslager gegründet wurde, um das sich die Siedlung Augusta Vindelicorum entwickelte, die schon bald über 10000 Einwohner besaß. Ende des 1. Jahrhunderts lief es Kempten den Rang ab und wurde die neue Hauptstadt der römischen Provinz Raetia. Das römische Augsburg erhielt im Jahr 121 von Kaiser Hadrian das Stadtrecht und wehrte sich erfolgreich gegen die Angriffe germanischer Stämme. Das Römische Museum besitzt einen Siegesaltar aus dem 3. Jahrhundert, der vom Sieg der Römer gegen die Juthungen in einer Schlacht bei Augsburg erzählt. An Augsburger Leben in der Spätantike erinnert aber auch der Sarkophag der heiligen Afra in der gotischen Basilika St. Ulrich und Afra, an deren Standort sich schon in spätrömischer Zeit eine Kirche befunden hatte. Der Legende zufolge wurde die Heilige im Jahr 304 auf Augsburger Stadtgebiet als christliche Märtyrerin ermordet und vermutlich gab es damals auch schon einen christlichen Bischof in der Stadt. Dies lassen zumindest die Fundamente unter dem romanisch-gotischen Dom Unserer Lieben Frau vermuten, die möglicherweise zu einem Bischofssitz mit frühchristlicher Kirche gehörten.

Ein neues Wirtschaftszeitalter

Augsburg florierte schon in römischer Zeit als Handelsstadt, zur Weltmetropole in Sachen Wirtschaft und Finanzen stieg es am Übergang vom

Weihnachtsstimmung auf dem Christkindlesmarkt auf dem Rathausplatz (oben). Der Goldene Saal des Rathauses dient für verschiedene Veranstaltungen (unten). Die Fuggerei wurde im 16. Jahrhundert erbaut (rechts oben). Vor mehr als 1000 Jahren wurde Augsburgs Bischof Ulrich heiliggesprochen – hier ein Standbild am Dom (rechts unten).

Spätmittelalter in die frühe Neuzeit auf. Damals zählte es mit rund 30 000 Einwohnern zu den größten Städten des Heiligen Römischen Reichs und bildete einen Knotenpunkt im Netz bedeutender Handelsstraßen.
Bereits 1156 hatte Augsburg von Kaiser Friedrich Barbarossa das Stadtrecht erhalten und 1276 war es zur Freien Reichsstadt erklärt worden. Augsburg war eine Stadt der Patrizier und der Zünfte, die bis ins 16. Jahrhundert an der Stadtregierung beteiligt waren. Den Wandel von der Naturalien- zur Geldwirtschaft markierte 1540 die Gründung der ersten Börse Deutschlands. Sie zog 1830 in ein prächtiges Gebäude am heutigen Rathausplatz, das im Zweiten Weltkrieg zerbombt wurde. Seitdem hat man freien Blick auf Augsburg Wahrzeichen: das Rathaus mit dem riesigen Reichsadler an der Fassade und dem Goldenen Saal für Festempfänge. 1624 wurde der Renaissancebau mit sechs Stockwerken errichtet – damals eine technische Meisterleistung und architektonische Sensation.

Fuggergeld aus aller Welt

Die Börse war auf Betreiben der Familie Fugger gegründet worden, die seit 1367 in der Stadt ansässig war und es in kürzester Zeit zu enormem Reichtum gebracht hatte. Ihr internationales Wirtschaftsimperium basierte anfänglich auf dem Textilhandel und erweiterte sich auf den Erzhandel und den Bergbau, beides die größten Wachstumsbranchen jener Zeit. Das Geld sprudelte für die Fugger auch fleißig durch ihre Geschäftsbeziehungen mit der katholischen Kirche. Der reiche Klerus konnte diskret in Fuggersche Unternehmungen investieren, darüber hinaus vergaben die Fugger auch Kredite an die Kirche und stiegen zu den »Bankiers der Päpste« auf, die zudem den lukrativen Ablasshandel finanztechnisch organisierten. Großen politischen Einfluss erlangten sie unter Kaiser Maximilian I., der ab 1493 das Reich regierte. Seine Kriege und seinen aufwendigen Lebensstil finanzierte er auch mit Krediten der Fugger, die im Gegenzug Landbesitz und Bergbauprivilegien erhielten. Den größten Coup landeten sie 1519, als Jakob Fugger, der reichste Geschäftsmann des Heiligen Römischen Reichs, die damals unvorstellbare Summe von 543 585 Gold-Gulden investierte, damit die Kurfürsten Spaniens König Karl V. zum Kaiser wählten. Ihren Betrag zu dieser Überzeugungssumme leisteten auch die Welser, deren Handelsimperium ebenfalls in Augsburg einen Sitz hatte, sowie italienische Banken. Insgesamt flossen 851 918 Gulden an sechs der sieben Kurfürsten … und die Strategie zeigte Erfolg: Als Wunschkandidat der reichen Handelshäuser kam

der spanische Habsburger auf den Thron – und damit war für die finanzstarken Imperien der Weg zu den Schätzen in der Neuen Welt geebnet. Die Macht der Fugger schwand nach dem Dreißigjährigen Krieg, verarmt ist die Familie jedoch nie. Ihre Spuren sind bis heute in Augsburg zu sehen, sei es an den prächtigen Renaissance-Fuggerhäusern in der Maximilianstraße, der opulenten Fuggerkapelle in der Kirche St. Anna oder auch in der Fuggerei, die als kleiner Ausgleich für all den erworbenen Reichtum für arme Augsburger Bürger gegründet wurde.

Auf dem Weg zum Frieden

Die Wirtschaftsmetropole Augsburg besaß jedoch auch politische Bedeutung. Ab dem 12. Jahrhundert hatten hier immer wieder Reichstage stattgefunden. 1530 wurde hier mit der von Philipp Melanchthon verfassten Confessio Augustana eine grundlegende Rechtsschrift des lutherischen Glaubens dargelegt und 1555 der Augsburger Reichs- und Religionsfriede beschlossen. Bereits 1548 hatte sich Augsburg als erste Paritätische Reichsstadt proklamiert, in der Politik und Verwaltung zu gleichen Teilen in der Hand von Katholiken und Protestanten lag. Sieben Jahre später wurde auf dem Reichstag das reichsweite Recht zur freien Religionsausübung der beiden Konfessionen beschlossen, zumindest für die Landesherren, die die Religion in ihren Territorien bestimmen konnten. Die Gräuel des Dreißigjährigen Kriegs konnte der Religionsfrieden nicht abwenden, doch gilt er noch heute als ein Meilenstein auf dem Weg zur religiösen Toleranz. 1650 feierten Augsburgs Protestanten und Katholiken endlich die Gleichberechtigung ihrer Konfessionen in ihrer Stadt, was den Augsburgern einen deutschlandweit einmaligen Feiertag bescherte: Am 8. August wird hier das Hohe Friedensfest gefeiert. In dessen Sinne beschäftigt sich in Augsburg seit einigen Jahren ein eigenes Friedensbüro mit der friedlichen Koexistenz der beiden christlichen Konfessionen sowie der gesellschaftlichen und kulturellen Vielfalt einer modernen Großstadt. Dazu stellt es alljährlich ein mehrwöchiges Veranstaltungsprogramm auf die Beine.

TOP ★ ERLEBNISSE

★ GUT ZUHÖREN

Die Lauschtouren durch Bayerisch-Schwaben haben schon viele Tourismus-Preise gewonnen – beginnend am Augustusbrunnen startet der fünf Kilometer lange App-Rundgang »WasSerleben in Augsburg – die heimliche Hauptstadt der Brunnen, Kanäle und Kraftwerke«.

★ SCHLICHT BETEN

Rein, weiß, schlicht – die Moritzkirche zeichnet eine betörende Schmucklosigkeit aus. Die Neugestaltung einer der ältesten Kirchen Augsburgs hat John Pawson übernommen, nach vier Jahren Kern-Arbeit wurde die Moritzkirche 2013 neu geweiht.

★ SOZIAL WOHNEN

Einen Gulden – das entspricht 88 Cents – Jahresmiete kostet eine der 140 Zweizimmerwohnungen in der Fuggerei, dazu kommen täglich drei Gebete für das Seelenheil der Fugger: So hat es Jakob Fugger 1521 verfügt, als er die älteste bestehende Sozialsiedlung der Welt für verarmte Bürger stiftete. Ihre Idylle kann man heute besichtigen. Informationen zu Augsburgs goldenem Zeitalter bietet das Fugger-Welser-Museum.

Weitere Informationen
www.augsburg.de,
www.moritzkirche.de,
www.fugger-welser-museum.de,
www.bayerisch-schwaben.de

Zwei Aspekte einer alten Stadt: die Kaiserburg mit dem Heidenturm und dem Tiefen Brunnen (oben) und der Blick von der Burg über die Altstadt auf den Tiergärtnertorturm aus dem 14. Jahrhundert (rechts).

42 LEBEN IM SCHUTZ DER BURG – NÜRNBERG

Metropole des Mittelalters

Die fränkische Hauptstadt Nürnberg, heute als Veranstaltungsort des Christkindlesmarkts und der Spielwarenmesse weltbekannt, blickt auf eine lange Tradition als urbanes Zentrum zurück: Zwischen dem 11. und 16. Jahrhundert hielten die Kaiser des Heiligen Römischen Reichs Deutscher Nation mindestens einmal im Leben Hof auf der mächtigen Burg und erwiesen damit auch der Stadt ihre Reverenz.

Bis heute künden viele Patrizierhäuser und Kaufmannshöfe des 15., 16. und 17. Jahrhunderts in der Nürnberger Altstadt vom Stolz und dem Reichtum einer selbstbewussten Bürgerschaft. Zwar wurden große Teile der mittelalterlichen und frühneuzeitlichen Bausubstanz im Zweiten Weltkrieg zerstört, doch ging man beim Wiederaufbau zum Glück sehr behutsam vor: Die Neubauten fügen sich ins mittelalterliche Stadtbild ein, die historischen Straßenverläufe blieben erhalten. Heute ist Nürnbergs von einem vollständig erhaltenen Festungsring umgebene Altstadt das pulsierende Zentrum einer modernen Großstadt im historischen Gewand.

Im Südosten Nürnbergs erinnert das Reichsparteitagsgelände an das düsterste Kapitel der Nürnberger Geschichte. Auf dem 25 Quadratkilometer umfassenden Areal fanden zwischen den Jahren 1933 und 1938 die monströsen Parteitage der NSDAP statt. Nur noch wenige Bauten aus dieser Zeit sind bis heute erhalten – die gigantische Kongresshalle etwa, in der nun ein Dokumentationszentrum untergebracht ist.

Über allem thront die Burg

Wie kein zweites Bauwerk bezeugt die Burganlage im Norden der Altstadt die überragende Bedeutung Nürnbergs für die mittelalterliche Welt. Historische Quellen belegen, dass auf dem heutigen Standort der Burg bereits unter dem Salier-Herrscher Heinrich III. (reg. 1046–1056) eine Festung gestanden haben muss. Die An-

Fränkisches Idyll: eine Gondel auf der Pegnitz vor dem Henkersteig.

fänge der noch sichtbaren Wehranlage gehen jedoch auf den Staufer Konrad III. (reg. 1138–1152) zurück, der im Westen des Sandsteinplateaus eine kaiserliche Pfalz errichten ließ. Friedrich I. Barbarossa hat hier festliche Empfänge gegeben. Unter seinen Nachfolgern entstand der zweigeschossige Palas, der bis heute den Westen des Plateaus beherrscht. Das Wahrzeichen der Anlage ist jedoch der Sinwellturm, ein weithin sichtbarer Bergfried.

Als kunsthistorisch bedeutendstes Relikt der Stauferzeit gilt die Doppelkapelle, die sich an den Palas im Südosten der Anlage anschließt. Sie wurde um 1200 errichtet und macht in ihrem Aufbau die Undurchlässigkeit der Ständegesellschaft anschaulich: Die Kapelle besteht aus zwei Stockwerken, die nicht etwa über eine Treppe, sondern nur durch eine rechteckige Öffnung miteinander verbunden sind. Während sich in dem düsteren, nur vom Burghof aus zugänglichen Untergeschoss das »niedere Volk« zum Gottesdienst versammelte, war das helle, lichtdurchflutete Obergeschoss, das durch den Palas betreten wurde, dem Kaiser und seinem Hofstaat vorbehalten.

Neben der Kaiserpfalz befindet sich die Burggrafenburg, die im 12. Jahrhundert als Residenz der Nürnberger Burggrafen entstand. Während des Bayerischen Krieges von 1420 bis 1422 stark zerstört, wurde die Anlage danach vom Rat der Stadt Nürnberg käuflich erworben.

Die reichsstädtischen Bauten nehmen den ganzen Osten des Plateaus ein. Bauhistorikern gelten sie als Ausdruck des selbstbewussten Wunsches der Nürnberger Stadtväter, auf dem Burgberg präsent zu sein. Bereits 1377 ließ der Rat den Wachturm »Lug-ins-Land« errichten, von dem aus nicht etwa das Nürnberger Umland, sondern die in der Nachbarschaft residierenden Burggrafen beobachtet werden sollten. Die unter Federführung des Nürnberger Steinmetzes und Stadtbaumeisters Hans Beheim (1455/60 bis 1538) errichtete Kaiserstallung zwischen Fünfeckigem Turm und Lugins-Land nutzte der Tross des Kaisers als Unterkunft und städtisches Kornhaus.

Kirche der Bürger

Der sich nördlich der Pegnitz bis zur Burg erstreckende Teil der Altstadt ist nach der Sebalduskirche benannt. Weithin sichtbar überragen die 80 Meter hohen Türme des Gotteshauses das Gewirr der Gassen und engen Straßen. Generationen selbstbewusster Nürnberger Patrizier haben die Kirche, eine dreischiffige, romanische Basilika aus dem 13. Jahrhundert, erweitert und verändert. Der spannungsreiche Kontrast zwischen romanischen und gotischen Bauelementen ist eines ihrer besonderen Kennzeichen. Hinter den Strebepfeilern und spitzen Fenstergiebeln der Seitenschiffe, die zwischen 1309 und 1350 im gotischen Stil entstanden, werden die Obergaden des alten romanischen Mittelschiffs mit den typischen Rundbogenfenstern sichtbar. Im Innern der Kirche öffnet sich das schmale Langhaus zur weiten Halle des polygonalen spätgotischen Ostchors, der ab 1361 an der Stelle eines als zu klein empfundenen romanischen Vorgängerbaus errichtet wurde. Die kunstvoll bemalten hohen Fenster bilden hier einen besonderen Blickfang. Das sogenannte Kaiserfenster stiftete Maximilian I. im Jahr 1514, die Entwürfe zum Bamberger Fenster steuerte Albrecht Dürer (1471–1528) bei. Das bedeutendste Kunstwerk in der Kirche aber ist das Sebaldusgrab, ein von Peter Vischer d. Ä. um 1580 geschaffenes, freistehendes Baldachingrab, in dem der Reliquienschrein des Hl. Sebald, des Schutzpatrons von Nürnberg, aufbewahrt wird.

Jede Menge Aushängeschilder

Gleich gegenüber dem Ostchor von St. Sebald befindet sich das alte Rathaus, ein lang gestreckter Prachtbau, dessen elegante, nach dem Vorbild eines italienischen Renaissancepalastes gestaltete Fassade in der baulichen Enge nicht recht zur Geltung kommt. Die Konstruktionsplanungen zum Gebäude übernahm der Nürnberger Stadtbaumeister Wolf Jacob Stromer (1561–1614) im Auftrag des Nürnberger Rates, die ausführenden Architekten waren jedoch Hans und Jakob Wolff der Jüngere (1571–1620). Einmal mehr sollte hier ein Gebäude symbolisch für das Selbstverständnis der Stadtoberen stehen: Über dem mittleren der drei Eingangsportale, in deren üppiger Ausgestaltung sich bereits das Zeitalter des Barock ankündigt, ist ein Pelikan zu sehen, der seine Jungen mit seinen Eingeweiden und seinem Blut füttert. Kunsthistoriker deuten diese Skulptur als Allegorie auf die aufopferungsvolle Sorge des Rats um das Wohl der Stadt.

Nürnbergs altes Rathaus präsentiert sich als vierflügelige Anlage, die einen Brunnenhof umschließt. Im Süden und Osten sind Teile des mittelalterlichen Vorgängerbaus erhalten geblieben. In den berüchtigten Lochgefängnissen im Kellergewölbe des Südflügels, wo während des Mittelalters Verdächtige einsaßen, können sich Interes-

Die reich ausgestattete Pfeilerbasilika St. Sebald (oben). Biergartenbesucher genießen den Nachmittag (unten).

Städtische Ziele für alle Sinne: der berühmte Christkindlesmarkt (oben). Knusprige Schäufele werden in Böhm's Herrenkeller serviert (unten). Am Hauptportal befindet sich das Glockenspiel »Männleinlaufen« (rechts oben). Die Straße der Menschenrechte verläuft vor dem Germanischen Nationalmuseum (rechts unten).

sierte über Folter- und Verhörmethoden der damaligen Zeit informieren. Der berühmte gotische Saal, der bei seiner Fertigstellung im Jahr 1340 der größte profane Raum nördlich der Alpen war, nimmt das Obergeschoss des Südflügels ein. Über die Jahrhunderte war er Schauplatz wichtiger politischer Ereignisse. Kaiser und Könige machten auf ihrem Weg zur Burg im Rathaussaal Station und empfingen Abgesandte der Stadt.

1525 fanden hier die berühmten Nürnberger Religionsgespräche statt, die mit dem Bekenntnis des Rats zur Reformation endeten.
Im Zweiten Weltkrieg brannte die Halle vollständig aus. Die grandiosen Wandmalereien, die Albrecht Dürer aus Anlass einer Restaurierung 1520 gestaltet hatte, gingen verloren. Nur die Kassettendecke von Paul Juvenell konnte im Zuge der Wiederaufbaumaßnahmen rekonstruiert werden.

Große Gestalter

Der südlich des Rathauses gelegene Hauptmarkt ist als Schauplatz des Nürnberger Christkindlesmarktes weit über die Grenzen der Stadt hinaus bekannt. Weniger bekannt ist, dass Kaiser Karl IV. 1349 den Platz an der Stelle des jüdischen Wohnquartiers anlegen ließ und seine Bewohner vertrieben oder gar ermordet wurden. Dort, wo einst die Synagoge stand, wurde zwischen 1352 und 1358 die Frauenkirche errichtet, die bis heute die Ostseite des Hauptmarkts dominiert und zu den bedeutendsten Kirchenbauten Nürnbergs zählt. Das Gotteshaus, das vermutlich unter der Federführung von Peter Parler (1330–1399), dem Hofarchitekten Karls IV. und Erbauer des Prager Veitsdoms, entstand, beherbergt einige berühmte Kunstwerke. Dazu gehören der Tucheraltar, das Werk eines unbekannten Meisters aus dem 15. Jahrhundert, oder das Peringsdörffersche Epitaph von Adam Kraft (1455–1509). Seit dem Jahre 1801 dient die Frauenkirche als katholische Pfarrkirche.
Gleich unterhalb der Burg steht das Dürerhaus, das der berühmteste Sohn der Stadt 1509 erwarb und in dem er bis zu seinem Tod 1528 lebte: ein unbedingtes Muss für jeden Nürnberg-Besucher. In dem altfränkischen, vierstöckigen Fachwerkbau ist heute ein Museum untergebracht. Die Stadt Nürnberg kaufte das Haus am Tiergärtnertorplatz um 1826, nachdem es seit Albrecht Dürers Tod sage und schreibe 24-mal den Besitzer gewechselt hatte.

Nürnberger Seitenwechsel

Seit jeher ist der südlich der Pegnitz gelegene Teil Alt-Nürnbergs das Geschäftsviertel der Stadt. Auf

der Lorenzer Seite, wo einst die Handwerker und Kaufleute ansässig waren, haben heute Kaufhäuser, Banken und Geschäftsdependancen ihren Sitz. Die Stadt Nürnberg unterhielt hier große Vorratsspeicher. Das Unschlitthaus und die imposante Mauthalle an der Königstraße sind nur zwei von mehreren Kornhäusern, die der Rat betrieb, um die Bevölkerung auch in Krisenzeiten mit Getreide versorgen zu können. Die stolze, 84 Meter lange und 30 Meter breite Mauthalle wurde von dem Stadtbaumeister Hans Beheim zwischen 1498 und 1502 errichtet. Ab 1572 waren hier das Zollamt und die Stadtwaage untergebracht. Im Vergleich dazu wirkt das der Westfront gegenüberliegende Zeughaus geradezu unscheinbar. Es ist der einzige erhaltene Teil des weitaus größeren städtischen Waffenarsenals und beherbergte einst die Wohnung des Zeugmeisters.

Im Herzen der südlichen Altstadt ragen die beiden Türme der gotischen Basilika St. Lorenz empor. Offensichtlich wollten die Mitglieder der Lorenzer Gemeinde mit diesem Bau der nur wenig älteren Sebalduskirche ein ebenbürtiges Gotteshaus zur Seite stellen. Wie diese erfuhr auch St. Lorenz über die Jahrhunderte etliche Erweiterungen. Vermutlich noch vor der Einweihung des ursprünglich um das Jahr 1250 begonnenen Baus wurden die Außenwände der Seitenschiffe bis an die äußere Kante der Strebepfeiler »verschoben«, um innen Platz für eine wachsende Zahl von Gemeindemitgliedern zu schaffen. In der Mitte des 15. Jahrhunderts erhielt St. Lorenz wie die Nachbarkirche nördlich der Pegnitz den gewaltigen Ostchor, der den gesamten Baukörper bis heute dominiert.

St. Lorenz birgt zahlreiche bedeutende Kunstschätze, darunter etwa das »Sakramentshäuschen« von Adam Kraft und den »Engelsgruß« von Veit Stoß (1447–1533), eine überlebensgroße Figurengruppe aus Lindenholz, die Maria und den Erzengel Gabriel bei der Verkündigung zeigt.

TOP ★ ERLEBNISSE

★ STILLER KANAL

Ludwig-Donau-Main-Kanal heißt er mit vollem Namen, doch seit er 1950 aufgelassen wurde, nennen ihn alle nur »Alter Kanal«. Seiner Schönheit nimmt das nichts: Die Treidelpfade am Ufer eignen sich bestens als Radwege. Vom Volksfestplatz in Nürnberg etwa führt eine 47 Kilometer lange Strecke nach Neumarkt in der Oberpfalz, immer am Kanal entlang.

★ ECHTE DRAUFGÄNGER

Der Bikepark Osternohe bei Schnaittach ist nichts für Weicheier, dafür sprechen schon die Stationen – Rakete, Snake oder Holzkicker. Auf der Blue Line können sich Anfänger Mut und Können für Downhill- und Freeride-Tracks antrainieren, Startpunkt für alle ist die Bergstation auf 546 Metern.

★ WAHRE SCHÄTZE

So vielfältig wie seine Sammlung erscheint die Architektur des Germanischen Nationalmuseums: Gegründet 1852, bildet ein altes Kartäuserkloster die Keimzelle des riesigen Komplexes, den heute moderne Glaselemente erhellen. Das größte kulturhistorische Museum des deutschen Sprachraums zeigt eine Auswahl von 25 000 Objekten.

Weitere Informationen
www.nuernberginfos.de, www.gnm.de, www.bikepark-osternohe.de

Die Burg Randeck am nördlichen Rand des Altmühltals entstand vermutlich schon im 10. Jahrhundert (oben). Der Radweg führt auch über die historische Altmühlbrücke in Ornbau (rechts).

43 HEIMAT DES ARCHAEOPTERYX – DAS ALTMÜHLTAL

Ein Mekka für Hiker und Biker

Hektik ist ein Fremdwort im idyllischen Altmühltal, durch das sich der am langsamsten fließende Fluss Bayerns schlängelt. Am Ufer verläuft einer der beliebtesten Radwege Deutschlands durch traditionsreiche Orte wie Pappenheim, Solnhofen und Eichstätt.

Südlich von Treuchtlingen durchbricht die Altmühl die Fränkische Alb und windet sich durch das Karstgebirge. Ihr Weg wird von Felsen, von Wald und Wiesen gesäumt. Wanderer und Radfahrer zieht die Landschaft besonders an. Ihre Touren führen von Gunzenhausen bis zur Mündung in die Donau bei Kelheim. Auf rund 230 Kilometer Länge bietet die Altmühl viele Sehenswürdigkeiten. Sechs Kilometer südlich von Pappenheim, einem Städtchen aus dem Mittelalter, liegt Solnhofen, als Fundort des versteinerten »Urvogels« Archaeopteryx. Bis heute stoßen Paläontologen in den umliegenden Steinbrüchen auf Fossilien.

In der ehemaligen fürstbischöflichen Residenzstadt Eichstätt zeigt sich der Hang der geistlichen Landesherren zu barocker Prachtentfaltung in imposanten Kirchen und Klöstern. Dagegen zeigt sich bei Walting die Natur in voller Schönheit in der Gungoldinger Wacholderheide.

An der Altmühlmündung

Die letzten 34 Kilometer vor ihrer Mündung in die Donau wird die Altmühl Teil des Main-Donau-Kanals. In der Nähe von Kelheim zwängt sich die Donau durch bis zu 40 Meter hohe Felswände. Die »Weltenburger Enge« wurde bereits 1840 von König Ludwig I. unter Schutz gestellt und bildet bis heute ein Rückzugsgebiet für seltene Tiere und Pflanzen. Am Eingang zum Donaudurchbruch liegt das 617 n. Chr. errichtete Benediktinerkloster Weltenburg mit einer Abteikirche der Gebrüder Asam und der ältesten Klosterbrauerei der Welt.

INFO: www.altmuehltal.de

44 HISTORISCHES GASSENGEWIRR – REGENSBURG

Schmuckstück an der Donau

Seit die UNESCO Regensburgs Altstadt 2007 zum Welterbe ernannte, ist die Stadt aus dem Schatten von Nürnberg und Bamberg getreten. In der mittelalterlichen Handelsstadt lassen sich die historischen Entwicklungsstufen und die bauliche Kontinuität der urbanen Strukturen aus 2000 Jahren Stadtgeschichte nachvollziehen.

Obwohl die Vergangenheit überall präsent ist, wirkt Regensburgs Altstadt nicht museal. Im Gegenteil: Dank der zahllosen Kneipen, Läden und Galerien herrscht hier das ganze Jahr über ein munteres Treiben. Der Haidplatz, einer der ältesten Plätze Regensburgs, ist Treffpunkt von Jung und Alt. Im Mittelalter fanden hier Ritterturniere statt, heute bilden die historischen Bauten die Kulisse für Auftritte von Straßenmusikanten und Gauklern. Die Ostseite des Platzes beherrscht die »Neue Waag«, ein gotisches Patrizierhaus, das der Rat der Stadt 1441 kaufte und zur Stadtwaage bestimmte. Genau 100 Jahre später fand hier das Religionsgespräch zwischen Philipp Melanchthon und Johannes Eck statt. Das »Goldene Kreuz« im Nordosten des Haidplatzes zählt zu den mittelalterlichen Patrizierburgen Regensburgs. Der siebengeschossige Turm mit angeschlossenem Wohntrakt wurde bereits im 16. Jahrhundert als Gasthof und Herberge genutzt. Illustre Persönlichkeiten wie Karl V. oder Ludwig I. sollen hier abgestiegen sein.

Zeitzeugen aus 1200 Jahren Stadtgeschichte: die Basilika St. Emmeram (rechts oben), ausgeschmückt von den Gebrüdern Asam, und der Dom St. Peter (unten). Die Walhalla ist ein beliebter Treffpunkt (rechts unten).

Toskana in der Oberpfalz

Bei einem Bummel durch die Gassen und engen Straßen fallen die hohen Wohntürme auf, die zwischen dem 12. und dem 15. Jahrhundert von den Patriziern der Stadt errichtet wurden. Sie sind den Geschlechtertürmen, die die mittelalterlichen Städte der Toskana überragen, nachempfunden und gelten heute als Wahrzeichen der Stadt. Historiker vermuten, dass der städtische Adel mit dem Bau der Türme seinen Reichtum zur Schau stellen wollte. Der um 1260 entstandene Goldene Turm an der Wahlenstraße etwa ragt 50 Meter auf und ist damit der höchste Geschlechterturm nördlich der Alpen.
Regensburgs bedeutendstes profanes Bauwerk ist die Steinerne Brücke. In nur elf Jahren, von 1135 bis 1146, errichtet, gilt sie als wegweisend für die mittelalterliche Brückenbaukunst und als Vorbild der Prager Karlsbrücke.

Der Regensburger Dom

Bis der Regensburger Dom St. Peter fertiggestellt war, dauerte es Jahrhunderte. 1273 gaben die Patrizier der Stadt den Anstoß zum Bau einer gotischen Kathedrale, die nach französischem Vorbild errichtet werden und die alte Bischofskirche ersetzen sollte. Mehrmals wurden die Bauarbeiten unterbrochen und 1540, kurz vor der Vollendung, ganz eingestellt. Erst König Ludwig I. sorgte dafür, dass St. Peter im 19. Jahrhundert seine beiden, 105 Meter hohen Türme erhielt. Der Monarch veranlasste auch die Regotisierung der barock umgestalteten Vierungskuppel. Mit der Fertigstellung der Querhausgiebel war der Dom 1872 vollendet, 600 Jahre nach Baubeginn. Übrigens ist St. Peter die einzige Kathedrale Bayerns, die dem Freistaat gehört.
Am südlichen Rand der Altstadt befindet sich die Anlage des ehemaligen Benediktinerklosters Sankt Emmeram. Die Fürsten von Thurn und Taxis erwarben sie im Zuge der Säkularisation und ließen sie zur Residenz umbauen. Bundesweit bekannt wurde das Schloss, als die Hausherrin Fürstin Gloria nach dem Tod ihres Mannes Teile des Familienbesitzes an das Land Bayern verkaufte, um die anfallende Erbschaftssteuer bezahlen zu können. Seit 1998 sind die kostbaren Porzellane, Möbel, Waffen und Pretiosen in der Fürstlichen Schatzkammer Thurn und Taxis, einer Zweigstelle des Bayerischen Nationalmuseums, ausgestellt.
Das Langhaus der zum Kloster gehörenden romanischen Basilika wurde im 18. Jahrhundert im Stil des Barock umgearbeitet und die Flachdecke durch ein Tonnengewölbe ersetzt. Die Brüder Cosmas Damian und Egid Quirin Asam versahen St. Emmeram von 1731 bis 1733 mit Malereien und Stuckdekorationen.

TOP ★ ERLEBNISSE

★ WELTENBURG

Der Zauber dieses Ortes erschließt sich gleich: Am Durchburch der Donau liegt das Kloster Weltenburg direkt am Wasser auf ein paar Schippen Kies. Vermutlich um 617 gegründet, eines der Urklöster Bayerns, besteht die Benediktinerabtei bis heute. Die Klosterkirche ist eine Barockschöpfung: Cosmas Damian Asam, der Wessobrunner Freskenmeister, malte St. Georg aus. Eine zwölf Kilometer lange Wanderung verbindet das Kloster Weltenburg mit der Befreiungshalle.

★ BEFREIUNGSHALLE

Begonnen von Friedrich von Gärtner und vollendet von Leo von Klenze steht die Befreiungshalle seit 1863 auf dem Michelsberg hoch über Kelheim. Ihre Architektur feiert den Sieg über Napoleon in den Befreiungskriegen 1813–15 – das klingt heute komisch, schuf im 19. Jahrhundert aber Verbundenheit. Mehrere Routen stehen zwischen den beiden Bauwerken zur Auswahl, unter anderen der Jakobsweg. Die mittelschwere Wanderung dauert etwa dreieinhalb Stunden.

Weitere Informationen
www.regensburg.de,
https://kloster-weltenburg.de,
www.www.kelheim.de

45 »VENEDIG BAYERNS« – PASSAU

Drei Flüsse, eine Stadt

Die niederbayerische Provinzmetropole Passau, an der Mündung von Ilz und Inn in die Donau gelegen, hat ihr konservatives Image erfolgreich abgestreift. Jeder fünfte Passauer ist Student und so herrscht in den Gassen der Dreiflüssestadt meist buntes Treiben.

Dass Passau den Beinamen »Venedig Bayerns« trägt, ist den italienischen Baumeistern zu verdanken, die nach dem verheerenden Brand von 1662 der zerstörten Stadt ein neues Gesicht gaben. Unter Federführung von Carlo Lurago (1615–1684) erhielt der ursprünglich gotische Dom St. Stephan eine hochbarocke Westfassade. Weithin sichtbar überragen seine mit Kuppeln bekrönten

Auf der Insel am Dreiflüsseeck von Donau, Inn und Ilz ragt der mächtige barocke Dom mit dem dreischiffigen Langhaus auf.

Türme seither die Altstadt Passaus. Rings um die Bischofskirche, in der die größte Domorgel der Welt steht, verleihen die Barockbauten der Stadt südliches Flair.

Wechselvolle Geschichte

Auch in den Gassen, die vom Dom zur Donau hinunterführen, glaubt man sich in eine italienische Stadt versetzt. Hier liegt Passaus Trendviertel mit Kneipen, Galerien und interessanten Läden. Die Höllengasse öffnet sich im Osten zum Rathausplatz. Am Turm des Rathauses erinnern Markierungen an Hochwasserkatastrophen, bei der letzten 2013 stieg der Pegel auf 12,89 Meter. An dem der Altstadt gegenüberliegenden Donauufer steht seit 1219 die Veste Oberhaus auf. Sie bezeugt die Macht der Fürstbischöfe, die fast 600 Jahre in Passau herrschten und von hier aus die Aufstände Passauer Bürger niederschlugen. Nach der Säkularisation übernahm die bayerische Armee die Festungsanlage, die bis 1918 als Staatsgefängnis diente. Heute beherbergt sie das Oberhausmuseum zur Geschichte Passaus. Die Batterie Linde, eine Terrasse auf der Veste Oberhaus, bietet den besten Ausblick auf das Dreiflüsseeck.

INFO: www.tourismus.passau.de

TOP ★ ERLEBNISSE

★ SCHÖN SCHAUEN

Eigentlich misst der Donau-Panoramaweg 220 Kilometer – um einen guten Blick auf die Stadt zu werfen, reicht es aber, das vier Kilometer lange Stück zwischen der Veste Oberhaus und dem Hacklberg entlangzuspazieren. In Passau beginnt auch der Donau-Steig, der bis ins österreichische Grein führt.

★ GEMÜTLICH RADELN

Wer von Passau aus auf dem Innradweg fährt, rollt das Feld von hinten auf, denn der Inn entspringt ja 520 Kilometer entfernt am Maloja-Pass in der Schweiz. Etwa die Hälfte der Strecke verläuft am deutschen Inn-Ufer entlang, über Marktl, Wasserburg und Rosenheim bis Kiefersfelden.

★ HERZHAFT LACHEN

Der Name ist Programm: Im Scharfrichterhaus geht es den Politikern und jenen Wichtigtuern an den Kragen, die den Kabarettisten, u.a. Bruno Jonas und Sigi Zimmerschied, querliegen. Die Gäste haben es da deutlich besser: Sie dürfen essen und lauschen und während der Passauer Kabaretttage der Verleihung des Scharfrichterbeils beiwohnen.

Weitere Informationen
https://scharfrichterhaus.de

Die Landeshauptstadt präsentiert sich: Bronze-Bavaria vor der Ruhmeshalle (oben), Altstadtensemble aus Neuem Rathaus am Marienplatz und der Frauenkirche (rechts).

46 GRÜSS GOTT, ISARFLIMMERN! – MÜNCHEN

Hightech und Traditionen

Millionendorf, Weltstadt mit Herz – Bayerns Landeshauptstadt wird ihren Beinamen auch im 21. Jahrhundert gerecht. Obwohl München im Ranking internationaler Wirtschaftszentren eine Spitzenposition einnimmt, hat sich die Stadt ihren eigenen Charakter bewahrt. Allerdings wächst sie rasant – und mit den Einwohnerzahlen steigen auch die kulturellen Angebote in der Isarmetropole.

Als im August 2012 in Schwabing ein Blindgänger aus dem Zweiten Weltkrieg kontrolliert gesprengt werden musste und einen Millionenschaden verursachte, wurde der Schrecken der Bombardierung fast noch einmal spürbar. Wobei Münchens zu 90 Prozent zerstörte Altstadt zumindest nach 1945 Glück hatte: Ihre Rekonstruktion verlief behutsam. Die überkommene Straßenführung blieb erhalten, viele historische Gebäude wurden nach alten Plänen wieder aufgebaut und Neubauten dem alten Stadtbild angepasst.

Wohl jeder München-Besucher steuert zunächst den Marienplatz im Herzen der Altstadt an. Vor dem neogotischen Rathaus, das die Nordseite des Platzes schmückt, recken jeden Tag um 11 und um 12 Uhr Menschen aus aller Welt die Köpfe nach oben, um den 32 Glockenspiel-Figuren bei ihrem Auftanz zuzusehen. Hinter dem spätgotischen Alten Rathaus an der Ostseite des Marienplatzes geht es durch ein Gewirr enger Straßen zum Hofbräuhaus, eine Ur-Münchner Institution, die dank der unzähligen Touristen, die hier täglich stranden, international geworden ist. In der Nähe des Alten Rathauses steht leicht erhöht die Pfarrkirche St. Peter, Münchens ältestes Gotteshaus. Die gotische Basilika ist im 14. Jahrhundert aus den Ruinen eines ausgebrannten Vorgängerbaus entstanden. Dessen zwei Türme wurden abgeschrägt und durch einen Einzelturm in der Mitte der Westfassade ersetzt. Der »alte Peter«, wie er liebevoll genannt wird, besitzt eine

DWIG BECK

Im Englischen Garten ist der Monopteros seit jeher ein beliebter Treffpunkt.

Aussichtsplattform, die den besten Blick über München bietet und bei Föhn die Alpen ganz nah erscheinen lässt. Gleich gegenüber lockt der Viktualienmarkt mit einem breiten Angebot an frischem Gemüse, Obst und exotischen Früchten, an Fleisch- und Fischspezialitäten.

Avantgarde am St.-Jakobs-Platz

Südlich vom Viktualienmarkt erstreckt sich die Schrannenhalle, eine ehemalige Getreidehalle, in der sich nach etlichen Vermietungswirren eine italienische Feinkostkette etabliert hat. Wenige Gehminuten entfernt öffnet sich am St.-Jakobs-Platz das Häuserspalier. Lange Zeit ein in städtebaulicher Hinsicht trostloser Ort, hat er sich seit der Einweihung des neuen jüdischen Gemeindezentrums zu einem beliebten Treffpunkt entwickelt. Wie ein Fels in der Brandung steht die Synagoge, ein Kubus aus schweren Steinquadern, über den sich eine dunkel glänzende Stahlkonstruktion erhebt, die mit einem bronzefarbenen Metallgewebe verhängt wurde. Im gut 500 Jahre alten Zeughaus an der Nordseite des Jakobsplatzes residieren das Münchener Stadt- und das ihm angeschlossene Filmmuseum, das mit Klassikern der Filmgeschichte ein buntes Publikum anlockt.

In der Fußgängerzone zwischen Marienplatz und Karlsplatz (Stachus genannt), Deutschlands meistfrequentierter Shoppingmeile mit den höchsten Ladenmieten, fällt zwischen all den großen Kaufhäusern und kleinen Geschäften ein architektonisches Highlight Münchens fast gar nicht auf: Hinter der reich mit Figurenschmuck ausgestatteten Fassade des Gebäudes an der Ecke Neuhauser/Ettstraße verbirgt sich die Jesuitenkirche St. Michael. Das größte renaissancezeitliche Gotteshaus nördlich der Alpen und steingewordene Symbol der Gegenreformation inspirierte die Sakralbaukunst in Süddeutschland. Der Innenraum der Kirche beeindruckt durch seine lichte Weite und das zweitgrößte Tonnengewölbe der Welt. In der Wittelsbachergruft unterhalb des Chors liegt Ludwig II. begraben.

Geschichtsträchtige Mitte

Im Nordwesten des Marienplatzes ragen die beiden knapp 99 Meter hohen Türme des Liebfrauendoms auf. Diese Höhe ist die Richtschnur für Gebäude innerhalb des Mittleren Rings: Weil kein Bauwerk die Marke von 100 Meter Höhe überschreiten darf, prägt die Frauenkirche bis heute das Stadtbild. Der mächtige, spätgotische

Backsteinbau lässt die Gebäude ringsumher winzig klein erscheinen. Dennoch wirkt der Dom schlicht. Die für gotische Kathedralen typischen Türmchen, Zierpfeiler und der Figurenschmuck fehlen. Die Strebepfeiler wurden nach innen verlegt.
Der berühmt-berüchtigte Odeonsplatz, an dem 1923 der Hitler-Ludendorff-Putsch im Kugelhagel der bayerischen Polizei endete, liegt nur einen kurzen Spaziergang vom Marienplatz entfernt. Das Ziel der Putschisten, die Feldherrnhalle, ist ein Werk Friedrich von Gärtners, das zwischen 1841 und 1844 nach dem Vorbild der Loggia dei Lanzi in Florenz entstand. Noch eine weitere Hommage an Italien ziert den Odeonsplatz: die in barockem Gelb gehaltene Theatinerkirche, deren wuchtige, zweitürmige Fassade die Westseite des Platzes beherrscht. Das Gotteshaus wurde nach dem Vorbild der Mutterkirche des Theatinerordens in Rom errichtet. Am Odeonsplatz beginnt auch die schnurgerade Ludwigstraße, die von der Feldherrnhalle zum Siegestor führt. Die klassizsistisch strengen Bauten, die sie säumen, sind italienischen Renaissancepalästen nachempfunden.

Bayerische Prachtentfaltung

Die Münchner Residenz hat sich über die Jahrhunderte aus der Neuveste, einer Wasserburg, die die Wittelsbacher Herzöge ab 1385 nutzten, entwickelt. Generationen bayerischer Herrscher haben die ursprüngliche Festung im Stil ihrer Epoche erweitert, verändert und umgebaut. Im Laufe der Zeit entstand ein repräsentativer Schlosskomplex, der sich um zehn Innenhöfe gruppiert. Die jüngsten Erweiterungen gehen auf König Ludwig I. zurück. Unter Federführung seines Architekten Leo von Klenze entstanden an der Hofgartenseite der Festsaalbau und im Süden zum Max-Joseph-Platz hin der nach dem Vorbild des Florentiner Palazzo Pitti gestaltete Königsbau.
Nach dem Ende der Wittelsbacher Herrschaft wurde die Residenz in ein Museum umgewandelt. Den Zweiten Weltkrieg überstanden nur die vor den ersten Bombenangriffen ausgelagerten Kunstschätze unversehrt. Die Anlage selbst musste wiederaufgebaut werden. Heute präsentiert sich die Residenz in altem Glanz. Mehr als 100 prunkvoll ausgestattete Räume und Säle laden zum Schauen und Staunen ein. Unter all der Pracht ragt das Antiquarium, der größte profane Renaissancesaal nördlich der Alpen, heraus. Wände und Decken des 70 Meter langen Saals sind mit Fresken bedeckt.

Attraktionen der Ludwigstraße: Theatinerkirche und Feldherrnhalle am Odeonsplatz (oben) stehen genau einen Kilometer vom Siegestor (unten) entfernt.

Museen für jeden Geschmack: die Alte Pinakothek mit Chillida-Skulptur (oben). Bier für jeden Geschmack im Oktoberfestzelt (unten). Blick auf den Heiligen Berg mit Kloster Andechs – ein Wallfahrtsort auch für Biertrinker (rechts oben). Auch baulich ein Beispiel städtischer Kunst: das Museum of Urban and Contemporary Art in der Hotterstraße (rechts unten).

Große Kunst von der Antike bis zur Gegenwart

Wohl nirgendwo sonst in Deutschland findet sich so viel Kunst auf so engem Raum: Die drei Pinakotheken und das Museum Brandhorst auf dem Museumsareal in der Maxvorstadt decken alle Epochen der europäischen Kunstentwicklung vom Mittelalter bis zur Gegenwart ab. Die antiken Sammlungen am Königsplatz liegen auch nur einen Steinwurf weit entfernt.

Die im Stil eines italienischen Renaissancepalastes errichtete Alte Pinakothek zählt zu den weltweit bedeutendsten Galerien für die Werke alter Meister. Künstler wie Dürer, Raffael oder Leonardo da Vinci sind hier mit mindestens einem Meisterwerk vertreten. Die Rubens-Sammlung des Hauses gilt als größte der Welt. Bei ihrer Eröffnung im Jahr 1836 war die Pinakothek das modernste Museum der Welt.

Meisterwerke europäischer Maler des 19. Jahrhunderts zeigt der postmoderne Bau der Neuen Pinakothek. Ihre Anfänge gehen wie die der Alten Pinakothek auf Ludwig I. zurück, der in den 1850er-Jahren am gleichen Ort ein Haus für seine Sammlung zeitgenössischer Kunst errichten ließ. Bei ihrer Eröffnung war die Neue Pinakothek das erste Museum für moderne Kunst überhaupt. Das Gebäude wurde im Zweiten Weltkrieg zerstört, bis zur Eröffnung des Neubaus 1981 waren Teile der Sammlung im Haus der Kunst ausgestellt.

Die im Jahr 2002 eröffnete Pinakothek der Moderne ist das größte Museum für die Kunst des 20. und 21. Jahrhunderts in Deutschland. Der lichte, offene Bau des Architekten Stefan Braunfels beherbergt vier hochkarätige Sammlungen, die das ganze Spektrum modernen Kunstschaffens repräsentieren. Im Untergeschoss nennt das Museum für Angewandte Kunst die weltweit bedeutendste Sammlung von Industrial Design sein Eigen. Die Ausstellungsräume des Erdgeschosses teilen sich die Graphische Sammlung und das Architekturmuseum der Technischen Universität, das über neueste Tendenzen in der Architektur informiert. Im Obergeschoss wird die Entwicklung der modernen Kunst nachgezeichnet. Die Ausstellung umfasst herausragende Werke von Meistern der klassischen Moderne und der Gegenwart.

Kunst am Bau zeigt das 2009 eröffnete Museum Brandhorst: Seine Außenhülle besteht aus 36000 farbigen Keramikstäben. Die Sammlung der Kunstmäzene Udo und Anette Brandhorst präsentiert Werke von Andy Warhol, Mario Merz, Sig-

mar Polke und anderen Künstlern der Avantgarde.

Ein kurzer Spaziergang führt von den Pinakotheken zum 2013 neu eröffneten Ägyptischen Museum und weiter zum Königsplatz mit seinen klassizistischen Museumsbauten: Die Glyptothek an der Nordseite präsentiert eine Sammlung griechischer und römischer Skulpturen, das Gebäude an der Südseite Zeugnisse antiker Kleinkunst. Die Propyläen im Westen sind dem gleichnamigen Torbau auf der Athener Akropolis nachempfunden.

Nur wenige Schritte hinter den Propyläen prunkt ein weiterer Tempel der modernen Kunst: Das um einen Anbau von Foster & Partners erweiterte Lenbachhaus vereint die umfassendste Sammlung von Werken der Künstlergruppe Blauer Reiter unter einem Dach.

Unter König Ludwig I., einem bekennenden Philhellenen, angelegt, wurde der Königsplatz von den Nazis als Schauplatz für monströse Aufmärsche missbraucht. Im Osten des Platzes ließen sie Prunkbauten wie den Führerbau, in dem heute die Hochschule für Musik und Theater residiert, einrichten. Nebenan erinnert das im Mai 2015 eröffnete NS-Dokumentationszentrum daran, dass der Nationalsozialismus in München seinen Anfang nahm. Die Ausstellung fordert die Besucher zu einer Auseinandersetzung mit dem NS-Regime, seiner Ideologie und ihrem Nachleben in der Gegenwart heraus.

Ein Dorado für Technikfans

Schenkt man Statistikern Glauben, so führt das weltweit größte Wissenschafts- und Technikmuseum (Deutsches Museum) mit alljährlich rund 1,5 Millionen Besuchern auch die Liste der beliebtesten Museen Deutschlands an. Auf einer Ausstellungsfläche von 73 000 Quadratmetern werden historische Autos, Schiffe und Flugzeuge ebenso wie die neuesten Errungenschaften der Bio- und Nanotechnologie gezeigt. Im Kinderreich des Museums können sich die Kids im Labor als Forscher versuchen oder spielend den Umgang mit Maschinen erlernen. In vielen Abteilungen des Deutschen Museums laden interaktive Erlebniswelten zum Experimentieren und Anfassen ein.

TOP ★ ERLEBNISSE

★ GROSSE PLÄNE

Als erstes Museum seiner Art verfolgt das MUCA weitgesteckte Ziele: Das Museum of Urban and Contemporary Art möchte die Street-Art in die Kunstgeschichte einschreiben und das Publikum sensibilisieren für die Ausdrucksformen der Kunst im öffentlichen Raum. Das 2016 eröffnete Museum ist stilgerecht im ehemaligen Umspannwerk mitten im Hackenviertel untergebracht.

★ WEITE SICHT

Von der Europäischen Südsternwarte (ESO) in Garching aus spähen die Experten ins All, vom 2018 fertiggestellten ESO Supernova Planetarium aus können es ihnen die Laien gleichtun. Über das Besucherzentrum spannt sich eine Planetariumskuppel mit 14 Metern Durchmesser, dazu gibt es Dauer- und Sonderausstellungen auf 2200 Quadratmetern Fläche.

★ SCHÖNES ZIEL

Das Pilgern ins Kloster Andechs hat zweierlei Geschmack: einerseits nach Kunst und Einkehr in der Klosterkirche, andererseits nach den klostereigenen Bieren. Ihre süß-herben Sorten zählen zu den besten der Welt – eine Millionen Gäste überzeugen sich im Biergarten, dem Klostergasthof oder im Bräustüberl davon.

Weitere Informationen
www.muenchen.de,
www.muca.eu,
https://supernova.eso.org,
www.andechs.de

47 GRASBERGE UND BAUERNLAND – DAS ALLGÄU

Sehnsuchtsziel im Süden

Mehr als ein geografisch klar umgrenzter Raum ist das Allgäu eine Landschaft wie aus dem Bilderbuch: Der Name ruft Vorstellungen von majestätischen Gipfeln und sanft geschwungenen Hügelketten, von saftigen Wiesen, hübschen Dörfern und barocken Kirchen wach.

Tatsächlich kommt die Wirklichkeit einem Postkartenidyll sehr nahe. Die Landschaft im Südwesten Bayerns und im äußersten Südosten Baden-Württembergs hat viele Gesichter. In den stark zerklüfteten, bis auf 2600 Meter ansteigenden Allgäuer Alpen erheben sich begrünte, steile Flanken, die sogenannten Allgäuer Grasberge, neben Felswänden. Etliche Almen bzw. Alpen

Malerische Motive: Der Weiler Einödsbach auf 1113 Meter Höhe, zu Füßen von Trettachspitze und Mädelegabel, ist der südlichste bewohnte Ort des Landes (rechts). Bis zu 100 Meter ragen die Felswände der dramatisch schönen Breitachklamm auf (rechts oben).

oberhalb der Baumgrenze werden bis heute bewirtschaftet. Jedes Jahr im September wird überall im Allgäu der Almabtrieb mit einem großen Fest gefeiert.
Der schnelle Wechsel von Wald, Wiesen, Feldern und Weiden macht den besonderen Reiz des Allgäuer Alpenvorlandes aus. Es ist seit Jahrhunderten Bauernland, in dem immer wieder Einödhöfe zwischen den Hügeln auftauchen. Unter den vielen Sakralbauten ragt das Benediktinerkloster Ottobeuren heraus. Es zählt zu den größten barocken Klosteranlagen der Welt und gilt als »schwäbisches Escorial«. Im Allgäu herrscht stets Hochsaison. Orte wie Oberstdorf, Hindelang oder Pfronten sind als Sommer- wie als Wintersportzentren beliebt.

Durch die wilde Breitachklamm

DIe Klamm in der Nähe von Oberstdorf ist eines der großen Naturwunder des Allgäus. Die Breitach zwängt sich hier durch die tiefste Felsenschlucht Mitteleuropas. Bis zu 150 Meter ragen die Steilwände über dem Gebirgsfluss auf. Bereits 1905 wurde am Grund des Canyons ein befestigter Weg angelegt, der ihn auf seiner ganzen Länge von 2,5 Kilometern durchquert und leicht zu bewältigen ist.
INFO: www.allgaeu.info

TOP ★ ERLEBNISSE

★ DÖRFER UNTERM HORN

Nicht etwa die Hörner des Allgäuer Braunviehs standen Pate, sondern die Bergspitzen der Hörnerkette, allen voran das 1787 Meter hohe Riedberger Horn: Sie gaben den Hörnerdörfern den Namen. Von Sonthofen aus erschließt eine 33 Kilometer lange Fahrradtour die fünf Bergdörfer Balderschwang, Bolsterlang, Fischen im Allgäu, Obermaiselstein und Ofterschwang und führt durch die satten Wiesen des Hochtals, beste Bergsicht inklusive. Dauer: knapp drei Stunden.

★ UNTER EINEM HUT

Die Queen wäre entzückt: Ein ganzes Museum, fast 1000 Quadratmeter Ausstellungsfläche, und alles dreht sich nur um Hüte in allen Farben, Formen und Materialien; für Breitschädel, Hutgesichter und gekrönte Häupter. Die Hutfabrik Ottmar Reich produzierte um das Jahr 1900 vier Millionen Strohhüte. Heute erinnert das 2014 eröffnete und mit dem Bayerischen Museumspreis ausgezeichnete Hutmuseum an 300 Jahre Huttradition in Lindenberg; stilsicher untergebracht im ehemaligen Fabrikgebäude, 1923 errichtet von Philipp Jakob Manz.

Weitere Informationen
www.deutsches-hutmuseum.de

48 TIEFES BLAU VOR BERGKULISSE – DER CHIEMSEE

Ein See mit Charakter

Der Chiemsee bildet das Zentrum einer alten Kulturlandschaft mit den im 8. Jahrhundert gegründeten Insel-Klöstern. Die Herreninsel verdankt ihren Namen den Mönchen, die bis 1803 hier lebten. Im Kloster auf der Fraueninsel wohnen noch heute Benediktinerinnen.

Mag die Klosteranlage auf der Fraueninsel kunsthistorisch bedeutender sein, die touristische Hauptattraktion ist zweifellos das Schloss, das König Ludwig II. auf der Herreninsel nach dem Vorbild von Versailles errichten ließ. Es verklärt das absolutistische Königtum – und gilt als Anachronismus. Denn als der Monarch das Projekt 1878 in Angriff nahm, war der Sonnenkönig

Der frei stehende Glockenturm ist das Wahrzeichen der Fraueninsel im Chiemsee (rechts). Viele Chiemseefischer üben ihren Beruf schon in der dritten oder gar vierten Generation aus. (rechts oben).

längst Geschichte. Das neue Schloss auf der Herreninsel zählt zu den Märchenschlössern, mit deren Bau der »Kini« seine Scheinwelt erschuf. Da die Regierung dem König ab 1885 jede finanzielle Unterstützung verweigerte, wurde die Anlage niemals fertigstellt.
Weit mehr als in Ludwigs Traumschloss wurde im Kloster Herrenchiemsee an der Nordspitze der Insel Geschichte geschrieben. In dem Bau aus dem 17. und 18. Jahrhundert, der zu Beginn des 19. Jahrhunderts in ein Schloss umgewandelt wurde, beriet im August 1948 der Verfassungskonvent über das Grundgesetz für die Bundesrepublik Deutschland.

Klosterinsel und Sommerfrische

Die Fraueninsel ist gerade mal zwölf Hektar groß und zählt doch 300 Einwohner. Ihr idyllisches Eiland, auf dem kein Autolärm stört, lockt im Sommer viele Tagestouristen an. Sie schippern mit Booten über das maximal 73 Meter tiefe Wasser. Der Klosterbezirk nimmt ungefähr ein Drittel der Inselfläche ein. Nicht nur die Abteikirche, auch eine Torhalle aus karolingischer Zeit kann besichtigt werden. Der mit einer Zwiebelhaube bekrönte Glockenturm des Klosters gilt als Wahrzeichen des Chiemgaus.
INFO: www.chiemsee-alpenland.de

TOP ★ ERLEBNISSE

★ FELSIGES WAHRZEICHEN

Von ferne sieht sie aus wie der Zackenkamm eines Drachens, von dem ein winziges Kreuz leuchtet, am Ostgipfel der Kampenwand drehen sich die Verhältnisse um: Dann wirkt das zwölf Meter hohe solarbeleuchtete Chiemgaukreuz riesengroß und die hügelige Chiemgaulandschaft spielzeugklein. An der Bergstation der Kampenwand startet ein schöner Wanderweg von acht Kilometer Länge bis zur Talstation in Aschau. Er führt in etwa zweieinhalb Stunden über die Steinlingalm, bei Trittsicherheit bis auf den Ostgipfel, über den Sultensattel und die Schlechtenberger Alm.

★ GESUNDES BAD

Auf der Suche nach Öl stieß eine Versorgungsbohrung am Chiemsee vor fast 60 Jahren auf eine der stärksten Jodthermalsolequellen Europas – das ist der Anfang der Geschichte. An ihrem vorläufigen Ende stehen die Chiemgau-Thermen in Bad Endorf: eine jüngst um eine Panoramasauna, ein »Relax«-Dampfbad und eine Felslagune erweitere Badelandschaft mit Salzgrotten, Außentherme, Strömungskanal, Wellnessbereich und vielen Becken voll wohlig-warmem Thermalwasser.

Weitere Informationen
www.chiemgau-thermen.de

Adlerblick: Höher als bis zur 2962 Meter hohen Zugspitze geht es in Deutschland nicht (unten). Kühe vor dem Weltkulturerbe: Die Wieskirche wirkt von außen bescheiden, überwältigt aber im Inneren (rechts).

49 SÜDZIPFEL – ZUGSPITZE UND PFAFFENWINKEL

Gipfelerlebnis leicht gemacht!

Als höchster Berg Deutschlands ist die Zugspitze eine Touristenattraktion. Mittlerweile stürmen jährlich mehr als eine halbe Million Menschen den 2962 Meter hohen Gipfel im Wettersteingebirge. Auf sie warten eine Aussichtsplattform und gastronomischer Service.

Südwestlich von Garmisch-Partenkirchen erhebt sich die 2962 Meter hohe Zugspitze, auf deren Westgipfel die Grenze zwischen Deutschland und Österreich verläuft. Wer nicht die Bayerische Zugspitzbahn oder die Eibseeseilbahn benutzen möchte, braucht für die Besteigung des Gipfels viel Kondition – und sollte schwindelfrei sein. Die letzten 200 Meter sind steil und durch Drahtseile sowie Steigeisen gesichert. Wer sich die Kraxelei nicht zutraut, kann aber die Seilbahn, die vom Restaurant Sonnalpin am Zugspitzplatt auf den Gipfel führt, nehmen.

Symbol bayerischer Frömmigkeit

Das Wettersteingebirge und die Ammergauer Alpen bilden die majestätische Kulisse für den von sanft geschwungenen Höhen durchzogenen Pfaffenwinkel mit mehr als 100 Kirchen und Klöstern. Am bekanntesten ist die Wallfahrtskirche zum gegeißelten Heiland auf der Wies, in aller Welt als »Wieskirche« bekannt. Das Gotteshaus gilt als Höhepunkt süddeutscher Rokokoarchitektur und steht seit 1983 auf der UNESCO-Welterbeliste. Das Meisterwerk des Dominikus Zimmermann (1685–1766), das zwischen 1745 und 1754 errichtet wurde, überwältigt durch seine reiche Innenausstattung. Die von Johann Baptist Zimmermann (1680–1758), dem Bruder des Architekten, geschaffenen Deckenfresken und die verschwenderischen Stuckverzierungen nehmen jeden Blick gefangen. Die weiß gehaltenen Wände und großen Fenster lassen den Kirchenraum hell und heiter erscheinen.

INFO: www.zugspitze.de

50 MÄRCHENPALAST – SCHLOSS NEUSCHWANSTEIN

Ein Traum von einem Schloss

Ein Postkarten-, Puzzle- und Plakatmotiv par excellence: Neuschwanstein ist idealisiertes Mittelalter, erbaut nach den Wünschen des Märchenkönigs Ludwig II. (1845–1886). In Sichtweite von Füssen lockt das Schloss alljährlich weit mehr als eine Million Touristen an.

Für die einen ist es das Produkt einer irregeleiteten Fantasie, die sich mit dieser Ritterburg ihr persönliches Disneyland erschuf. Andere loben es als herausragendes Zeugnis historistischer Baukunst, das mit den Stilelementen mittelalterlicher Festungsarchitektur spielt. Ludwig II. selbst wollte mit Neuschwanstein dem Komponisten Richard Wagner ein Denkmal setzen. Einige Teile der

Rückansicht von Ludwigs »deutscher Ritterburg«: Von der Marienbrücke hoch über der Pöllatschlucht (rechts oben) bietet sich dieses Bild von Schloss Neuschwanstein (rechts).

Burganlage nach Entwürfen des Münchner Theatermalers Christian Jank (1833–1888) sind Bühnenbildern von Wagneropern nachempfunden. Der Thronsaal versinnbildlicht Ludwigs Auffassung vom absoluten Königtum: In der nach dem Vorbild der Münchner Allerheiligen-Hofkirche und byzantinischen Kirchen ausgestal-teten Halle sollte der Thron an der Stelle des Altars stehen. Sinnigerweise fehlt er bis heute.

Auf ewig unfertig

Ludwig II. erlebte die Fertigstellung seines Schlosses nicht mehr. Am 11. Juni 1886 wurde der kurz zuvor entmündigte König nach Berg am Starnberger See verbracht, wo er zwei Tage später umkam. Bereits sechs Wochen danach öffnete Schloss Neuschwanstein seine Tore für die Öffentlichkeit. Im Palas sind heute 15 prunkvoll ausgestattete Zimmer und Säle zu besichtigen. Neben dem Thronsaal ist der Sängersaal der repräsentativste Raum. Bei seiner Ausstattung ließ sich König Ludwig vom Fest- und Sängersaal der Wartburg inspirieren. Die Wandgemälde zeigen die Sage von Parzival und dem Heiligen Gral. Die Schlossküche ist mit damals modernster Technik ausgestattet – dasselbe gilt für die königlichen Badezimmer.

TOP ★ ERLEBNISSE

★ WANDERN WIE LUDWIG

Die Wanderung ist bergsteigerisch so einfach wie optisch dramatisch: Von der Ortsmitte von Schwangau-Hohenschwangau aus geht es über neun Kilometer und 250 Höhenmeter zur Pöllatschlucht und rings um den kristallklaren Alpsee – Ludwig-II.-Kernland sozusagen. In Schloss Hohenschwangau wuchs er auf, mit Neuschwanstein plante er sein Märchenschloss, schon sein Vater Maximilian ließ Wege und Aussichtspunkte anlegen und die Marienbrücke über die Pöllatschlucht, eine 44 Meter hohe Holzbrücke, die Sohn Ludwig durch eine Eisenkonstruktion ersetzte.

★ SCHAU VOM BAU

Eines hat sich seit Ludwigs Zeiten nicht geändert: Neuschwanstein braucht permanente Pflege und erfordert ständige architektonische und restauratorische Anstrengungen. Ein Grund, warum seine Baugeschichte so spannend ist: Eine Beamerpräsentation macht sie ab 2019 anschaulich. Die Schau tröstet auch ein bisschen darüber hinweg, dass noch bis 2022 vieles verhüllt ist. So lange sollen die aktuellen Sanierungsarbeiten dauern.

Weitere Informationen
www.neuschwanstein.de

REGISTER

Leuchtturm List hinter Dünen auf Sylt; Radfahrer an der Müritz; Freie Sicht auf die Zugspitze im Sommer; Aussichtsturm im Baumwipfelpfad Neuschönau im Nationalpark Bayerischer Wald; Abendstimmung in der blühenden Lüneburger Heide; Kaiserpfalz in Goslar (v.l.n.r.).

Segelboote im Chiemsee beim Sonnenaufgang über den Alpen.

Auf dem Weinberg Hochheimer Domdechaney am Main gedeihen edle Tropfen.

Ebenfalls erhältlich ...

ISBN 978-3-7343-1576-3

ISBN 978-3-7343-2023-1

ISBN 978-3-7343-1340-0

ISBN 978-3-7343-1832-0

ISBN 978-3-7343-1870-2

ISBN 978-3-7343-1837-5

Die Autoren

Eva Becker (Text), Kulturwissenschaftlerin und Sachbuchautorin, lebt seit Langem in München, fühlt sich aber nach wie vor auch in ihrer westfälischen Heimat zu Hause.

Axel Pinck (Text) arbeitet als Journalist und Buchautor für führende Buchverlage, Magazine und Zeitungen sowie für Rundfunk und Fernsehen. Er hat weit über 30 Bücher über Reiseziele in Deutschland, Europa, der Karibik und Nordamerika publiziert. Zwischen seinen Reisen lebt er in Hamburg. Mehr Infos unter: www.kanal4media.de

Barbara Rusch (Text) studierte in ihrer Heimatstadt München Ethnologie, Kommunikationswissenschaften und Psychologie. Nach längeren Studienaufenthalten in Italien und Ostafrika arbeitet sie seit 1990 als freie Autorin und Übersetzerin sowie als technische Redakteurin. In Büchern, Zeitschriften, Lexika und Ausstellungskatalogen publiziert sie über Kultur- und Wissenschaftsgeschichte, Pädagogik und Psychologie sowie ferne (und nicht ganz so ferne) Länder.

Impressum

Verantwortlich: Susanne Kaufmann, Nina Böll
Satz und Layout: VerlagsService Gaby Herbrecht
Kartografie: Astrid Fischer-Leitl
Repro: LUDWIG:media
Umschlaggestaltung: Leeloo Molnar
Herstellung: Bettina Schippel
Printed in Slovenia by Florjancic

★★★★★

Sind Sie mit diesem Titel zufrieden? Dann würden wir uns über Ihre Weiterempfehlung freuen.
Erzählen Sie es im Freundeskreis, berichten Sie Ihrem Buchhändler oder bewerten Sie bei Onlinekauf.
Und wenn Sie Kritik, Korrekturen, Aktualisierungen haben, freuen wir uns über Ihre Nachricht an:
Bruckmann Verlag, Postfach 400209, D-80702 München, oder per E-Mail an lektorat@verlagshaus.de

Unser komplettes Programm finden Sie unter

www.bruckmann.de

Textnachweis:

Eva Becker: S. 82-86, 88-131, 136-61 (Kapiteltexte);
Britta Mentzel: S. 12-17, 82-86, 88-131, 136-61 (Bildlegenden);
Axel Pinck: S. 20-35, 40-41, 44-45, 48-52, 56-79 (Kapiteltexte und Bildlegenden);
Barbara Rusch: S. 36-39, 42-43, 46-47, 87, 132-35 (Kapiteltexte und Bildlegenden).

Bildnachweis:

LOOK Die Bildagentur der Fotografen www.look-foto.de

Alle Bilder des Innenteils und des Umschlags stammen von der Bildagentur LOOK, München, außer:
Picture Alliance: S. 51 u. (Stefan Sauer), 61 u. (imageBROKER/Jürgen Henkelmann), 153 u. (SZ Photo/Robert Haas);
Bildagentur Huber: 77 (Tobias Richter);
Carolus Thermen Bad Aachen: 99 u.;
Mauritius Images: S. 25 u. (Ohde/Alamy), 135 u. (Martin Siepmann), 141 u. (Martin Siepmann), 161 o. (Christian Bäck);
Shutterstock: S. 23 u. (foto-select), 33 u. (Bouke Atema), 34/35 (M Kunz), 57 u. (Noppasin Wongchum), 62 (Elena Krivorotova), 63 u. (Olivades), 147 o. (Siebig/footageclips);
Ernst Wrba: S. 126, 127 u.

Der Abdruck der nachfolgend genannten Bilder erfolgte mit freundlicher Genehmigung von:
Klassik Stiftung Weimar, S. 16, 83; Staatliche Museen zu Berlin, S. 56; Wilhelma, S. 115; Bayerische Schlösserverwaltung, Schloss- und Gartenverwaltung Würzburg, S. 126, 127 u.; Bayerische Schlösserverwaltung, Schloss- und Gartenverwaltung München, S. 161/62.

Umschlagvorderseite: Eibsee in Bayern (shutterstock/Andrew Mayovskyy);
Umschlagrückseite: Fahrradfahrer an der Müritz (links oben), Bamberg (rechts oben), die Alster in Hamburg (links unten), Ostseestrand (rechts unten);
Klappe vorne außen: Moselschleife (oben), Hundertwasserhaus in Magdeburg (rechts; shutterstock/R. Schmid), Spreewald (unten);
Klappe vorne innen: Strandkörbe auf Sylt;
Klappe hinten innen: Oberstdorf im Allgäu.
S. 1: Kinder baden im Chiemsee; S. 2/3: Blick über die Elbe, Nationalpark Sächsische Schweiz; S. 166: Sommer in Hamburg.

Die Deutsche Nationalbibliothek verzeichnet diese Publikation in der Deutschen Nationalbibliografie; detaillierte bibliografische Daten sind im Internet über http://dnb.d-nb.de abrufbar.

Infanteriestraße 11a
80797 München

ISBN 978-3-7343-2076-7